# 妖姬●特務●梅花鹿

# 白虹的影海人生

口述◎白虹
作者◎陳亭聿

一人出版社

感謝「寶島妖姬　白虹女士」

# 造浪

序

# 我有個出版台灣電影明星叢書的如意算盤

林文淇

二〇一三年我受文化部龍應台部長之邀，擔任國家電影資料館館長。二〇一四年資料館升格為國家電影中心，我從館長變成執行長。新的名稱有新的業務，但並沒有改變電影資料館經費嚴重不足的狀況。二〇一六年政黨輪替，我卸下電影中心執行長的工作，歸建回到中央大學任教。當時遺憾電影中心仍未受到政府足夠重視，感覺心力交疲。

然而，回顧三年在電影資料館／電影中心的服務，有機會對台灣電影歷史的保存與數位修復盡一點心力，仍舊感謝龍應台部長的信任與賞識。更何況，在台北市青島東路四樓的電影中心老舊但充滿歷史記憶的辦公室裡，我曾經接待眾多台灣資深電影人。若不是我在電影中心的職務，我不會有機會在銀幕之外，與我所仰慕的導演與明星見面，進而熟識。

白虹便是一位我有幸認識的女神級台語片明星。在我到電影資料館服務前，我研究台灣各時期的抗日電影。我觀看台語諜報片《天字第一號》時，對女主角白虹驚為天人。她因為這部片大受歡迎，還一連拍了五集。《天字第一號》可惜僅有三集還留存下來，影片的畫質也都很糟，不過，這無損她在片中迷人的明星風采。

白虹在因所飾演的特務工作，得以有不同扮像出現，忽而清純、忽而妖豔，有時機智捉狹，有時深情款款。她在《天字第一號》系列第三集《金雞心》中，京戲名伶的造型更是俊俏動人。我很訝異自己竟然從沒有聽過「白虹」這位當年的「寶島妖姬」。查找網路上的資料，關於她的介紹也極其有限，僅能知道她主演過《大俠梅花鹿》，先生是這些影片的導演張英。沒想到，這位銀幕上的明星偶像，竟然成了經常見面的「白虹阿姨」。中秋節時都能吃到她親手做的「巧月月餅」。

白虹與大多數台語片的明星一樣，因眾多所主演的影片未能留存，以及國內電影史的研究與教育缺乏，導致雖然曾經紅極一時，息影後便銷聲匿跡。我在離開電影中心回到學校任教後，因持續與白虹及好些位老影人們保持聯繫，深深為他們不能如歐美國家的明星受到重視而感到唏噓。他們的電影經歷既是台灣電影的歷史，也是台灣社會發展的重要軌跡；他們當年如此受到歡迎，也是幾代觀眾生活的回憶，何以竟然連一本關於他們的書都沒有？於是，我興起要出版台灣電影明星叢書的念頭。

我在中央大學的電影文化研究室過去經營過校園電影院，獨立發行過《放映週報》，當時雖然沒錢，但是好些位碩士班的學生擔任助理，儘管艱辛還是能成事。我借調離開學校三年，再回到學校，電影文化研究室不僅沒錢，連學生也沒有。沒錢也沒人，出版明星傳記叢書的念頭終究也只是個念頭。

事情的轉機，也就是這本書的誕生，要從去年我與作者亭聿喝了一杯咖啡說起。

亭聿是中央大學藝術學研究所的優秀學生。她修了我一門開在英文系研究所的電影課，研究生時期就幫忙《放映週報》寫稿，畢業後短期擔任我由科技部補助的電影歌曲研究計畫助理。亭聿後來應徵上電影資料館的職缺。她的藝術專長與細心又任勞任怨的工作態度，對於電影資料館升格為國家電影中心後，積極要對外打造的新形象貢獻甚多。電影中心廣受影迷喜愛的新刊物《國影本事》就是她一手策劃催生，豎立復古又親切的報導風格。

我離開電影中心後，聽說亭聿離職的消息，心裡替電影中心十分惋惜。約她見面喝咖啡，聊聊她的近況，我也提到出版台灣電影明星傳記的想法。沒想到，聊著聊著兩人一拍即合。她有豐富的採訪影人經驗，有好的文筆，更重要的是，她對於台灣電影歷史研究有高度的興趣，願意一起來進行這個出版計畫。

有了亭聿加入，我知道這個傳記出版計畫必定能成。叢書第一本的明星我們就選定白虹，只差需要找到出版經費。我因國家電影資料館舉辦過張英導演影展，認識白虹阿姨的大公子張芳堯先生。經我告知他我們有意為白虹阿姨出版傳記，很快就得到他的大力支持，提供這個出版計畫初步所需要的經費，讓採訪與寫作得以展開。

在我一貫過度樂觀的想法，這本書二個月時間籌備，進行資料蒐集，然後四個月採訪寫作，半年內完成初稿應該綽綽有餘。台灣電影明星叢書順利的話，應該每年可以出版兩本，兩年四本，五年十本，台灣電影明星們的生平故事就可以再度回到台灣的文化場域中。這是我的如意算盤！

沒想到亭聿的採訪工作展開之後，就

發現事情完全不是想像中那麼簡單。採訪與寫作的過程充滿未曾預料到的眉角，這部份她在書中的採訪側記中有詳細的描述。要特別指出的是，亭聿不僅詳細去查找白虹阿姨記憶不甚清楚的史實資料，對於採訪內容也不斷自我反思，要找到最佳的結構與表達方式，讓白虹阿姨精彩的一生能歷歷在目，宛如就在她身旁聽她憶往。除此之外，對於本書的風格，亭聿抱持要能夠吸引年輕讀者的理念，不惜投入時間，與出版社共同設計清新脫俗的編排形式。或許只有我知道，這讀來親切自然的篇章，是亭聿這位年輕作者，耗費將近一整年的青春所換來的心血結晶。

六年前，我不知道白虹是何許人也。電影中心修復了她所主演的《天字第一號》與《大俠梅花鹿》，發行了DVD，讓更多人得以欣賞她的演技與明星風采。現在，有了亭聿巧筆細心完成的這本《妖姬．特務．梅花鹿：白虹的影海人生》，讓我知道白虹不僅是台語片的百變妖姬，一九五六年台語片元年就以《運河殉情記》參與台語片演出的國寶，也是台語片《天字第一號》類型的推手。從她的影海人生裡，我們可以看到台灣電影起起伏伏的發展史，也看到一位身兼演員、妻子、母親的台灣女性，在生活中面對各種打擊從不畏縮放棄的積極人生觀。

今年正好是白虹八十歲生日。感謝亭聿代替台灣送給我們喜愛的白虹阿姨這份生日禮物。也感謝張芳堯先生的支持，臺北市政府文化局的補助，還有一人出版社劉霽、姵菁編輯協助，讓這本書得以順利出版。

我想為台灣電影明星出版傳記叢書的如意算盤，雖然打起來沒有那麼如意，看來還是可以繼續打下去！

**林文淇**

美國紐約州立大學石溪分校比較文學博士。現任中央大學英文系教授，中央大學視覺文化研究中心主任，國家電影中心前執行長。著有《華語電影中的國家寓言與國族認同》、《我與電影一國》，編著有《戲戀人生：侯孝賢電影研究》、《戲夢時光：侯孝賢電影的城市、歷史、美學》、《生命的影像：台灣紀錄片的七堂課》、《觀展看影：華文地區視覺文化研究》與《台灣電影的聲音：放映週報 VS 台灣影人》等書。

# 潮起

妖姬●特務●梅花鹿——白虹的影海人生

第一章

# 我是大稻埕的布店女兒

## 店裡喜氣，但是外面的世界則不一定

我叫王寶蓮，生於國慶日。那一天是民國二十八年，農曆的八月二十八日，拿萬年曆對照一下，就是新曆的十月十日。我身分證上寫的是新曆十月二十八日，但照媽媽的說法，我出生那天，剛剛好就是國慶日。

世界大戰結束於民國三十四年，結束時我也才六歲。這之前，為躲避空襲，全家人住在內湖山上一棟房裡，房門前有個闊口的大水塘。那時候房子不必買，看到喜歡，用佔的就可以了。人家歌詞唱的是門前小河、後面山坡，我們在內湖那裡佔的房子，後面也是山坡，但門前換成了水塘。

水塘、山坡這樣的格局，在那個時代是很好的。怎麼個好法呢？厝邊都說我家是最安全的，確實如此。在躲到山上前，警報一鳴響，媽媽就拖著抱著背著揣著，一輪一輪送進防空洞裡。到了新房，飛機過了山頭，放了顆炸彈，「噗通」一聲，就沒了。若是別的地方被丟了顆炸彈，我也聽過，那可不是「噗通」，而是「嚝」的一聲。聲音不同，結局便完完全全不一樣了。

我媽生十一個，壞掉三個，剩下八個。我是第三個，差一點也壞了。一歲多的時候，照我媽的說法，有一天她背著我看店，背著背著，怎麼我越來越燙，炕番薯似的，她的背也越來越燙，炕窯似的。她心裡急，也急得發燙，可是人動不得，得顧店。原因是王廷植又去喝酒，等到王先生玩夠回來，我的眼睛已經翻白了。

王廷植便是我父親。父親愛玩，有錢就上酒家或去買古董。說是喝酒，他那才不是用喝的，是用拚的，總跟人打賭幾秒內喝完，灌的是高粱啊。他常笑咪咪地招手跟我們說：

「來來來，跟爸喝汽水。」我們歡天喜地過去，一喝，哪裡是汽水，嘴都澀了，啤酒啊他跟我們說是汽水。買古董，他尤其喜歡彌勒佛，家裡的櫃子常有一排彌勒佛，笑得兩頰圓圓的，喜慶的樣子，像是爸爸喝了酒笑咪咪的樣子，我都記得。但是常常隔天就空了，沒了，送朋友了，常常是這樣。

我眼睛翻白那一天，父親喝夠了搖搖晃晃回來，母親就撒開腿衝啊去醫院。在延平北路與天水路交叉口的店，只是送到延平北路上的醫院而已啊，母親也這樣走不開。「這一針打下去，五分鐘。」延平北路上醫院裡的醫生語氣冷靜地說，「眼睛有動就有希望。」照我媽的說法，那五分鐘還真是長，像是她在店裡背著我，而我在發燙，但父親沒回來，那樣長。

我的母親叫王謝嬌，跟爸爸姓王，娘家姓謝，複姓。母親死盯著我的眼神，死神盯著我的眼神，我眼睛那時候雖是翻白了，卻好像看得見。還是母親的眼睛贏了，我的眼睛也贏了。五分鐘以後，動了，眼睛動了。人家是這樣說的：「有命就不怕死，不怕病，哪樣都救得回來。」好像是這麼回事。

除了山上佔了個好位子，我們家還曾有間洋房，好大，很漂亮的，不用錢。父親酒喝多少，朋友就交多少，好像等比例換算似的。他跟日本警官、長官都好，那交情可能也是喝來的。父母都受日本教育，會日文，日本人離開時把房子留給他。那房子，大概也是喝來的，不是佔來的。

洋房的位置就在現在的大潤發中崙店那裡，住在那很夢幻喲，兩層樓呢，不像之後的住處，那時候可以跟兄弟姐妹跑來跑去打架，還可以在大院子玩呢。但是後來，一些阿兵哥來了，趁沒人翻牆進來，有的甚至還找女人拖進去幹那檔子事，惡狠狠的樣子。洋房裡頭有人影，也有聲音。父母不敢住了，拉著一家人擠到馬偕醫院後頭另一間房子裡去。好大好漂亮的洋房，但是沒用，還不如山上的房子安全。

洋房沒了，但還有那間店。當年所有的好東西，生意好的東西都在延平北路，第一家義美在延平北路，十字軒糕餅店也在延平北路。我們家開的布店也在天水路跟延平北路的交叉口。那時候還沒有成衣，店前賣布，店後弄個小小工廠，請來師傅做西裝，師徒一共五六個吧，生意好得不得了。

每天一清早，店前就沒有了空隙，人疊掛著人，上下左右都是人，非要從後門出去趕趕，前門才開得了。門一開，那跟搶頭香沒兩樣，人瘋著叫著塞湧進來，幾大捆布幾大捆布被拿走了也不知道，也沒時間在意。很忙啊，尤其是母親。

我特別記得店裡有張量布用的大桌子。小時候我常踮著腳看，看母親嘩嘩嘩地把布滾開，邊滾，那量尺已經跟著拉開了。再一滾，那已經是量好了，尺也收捲好了，好厲害。桌台上空著的時候，換三叔來了，他嘩地一下把紅紙滾開，紙鎮順勢壓上去，筆墨紙硯備齊，唰唰兩下，幾個百年好合什麼的字就刷好了，結婚對聯就寫成了。那字寫得真好，客人都很滿意。我們家店裡，尤其那桌上，常是熱鬧喜氣的，天天過年一樣。

店裡喜氣，但是外面的世界則不一定。我唸蓬萊國小時，下課回家，總跟著大哥。我大哥特別喜歡打我，但我還是愛跟著他，玩也是，回家也是。

我們沿著民生西路走回家，轉過來就看見淡水線鐵軌，再沿著鐵軌走就到家了。哥哥走鐵軌上頭，我也走。他為了聽火車來了沒，趴在鐵軌上，我也趴著。當火車開過來，扣隆扣隆聲跟漲潮一樣湧過來，便見他跳起身來，往旁一閃。他閃，我也跟著閃。直到有一天，我們沒聽見漲潮聲音，卻聽見大人此起彼落地吆喝：「小孩子不要來，昨天才壓死一個哪。」哥哥又跳了起來，卻是從此不敢再走上面了。他不走，我也不走了。

不走上頭，但還是得走鐵軌旁邊。八歲左右時候，二二八事件爆發，查菸的事情離家不遠，放學回家的路上燈很少，但傳言很多，周身黑暗，心裡發毛。到家後也不見得清淨，我就記得有一天，一個賣豆腐的男人不停敲打我家後門的門板，一直哭喊：「拜託拜託，趕快開門，救救我。」

那個聲音裡有的驚駭和恐怖，我至今忘不了。母親給他進來，他還停不下來，身軀皮皮挫，面皮青筍筍的樣子，我也忘不了。我母親不知道怎麼感覺到外頭追殺的人走了，賣豆腐的人也冷靜了，才放他走了。她也很厲害，那個日子是怎麼過的，八個小孩啊。

**家裡該有的都有了，若再添個女的，就該送養了，很正常的**

我母親生的越多，孩子產下的速度也越快。到最後兩個弟弟時，她人才開始陣痛哎叫，我們就跑到對街請產婆來了。但產婆還沒踏進門，弟弟已經搶先出來了。

說到那產婆，這附近的孩子少有不是由她接生的，個個都給她拉拔經手過，個個她都識得。我媽一連了生十一個，兩個女人每次碰面，都在這等死生交關的時刻。自己和肚裡的命，有十一次都握在另個女人手裡，這兩個女人不熟得親像姐妹，情同莫逆才是奇怪。

因此輪到產婆的兒子娶媳婦時，我還去給他做過花童呢。可能我小時候眼睛大，生得還算可以，頗有些花童運。說當花童是走運，那是因為好不容易能穿件漂亮新衣。當時布店很賺錢，但有了錢，卻沒了閒，母親沒空做衫，我只能撿大姐穿破的湊合。別說新衫了，那時生意是好到連幫補個洞都不得閒。好好一個布店家女兒，成天穿破衣舊衫，想想有些可憐，卻也有些好玩。

好不容易當花童，我媽連夜幫我趕了件新衫。穿上新衫，還特地上相館拍照留念。母親沒上過裁縫課，可是手藝很好，那洋裝的腰裙肩袖處她都細細打過褶子，弄出兩只蓬蓬袖，一圈蓬蓬裙。我的腰上肩上長出花苞不算，她還拿餘下的布料在衣襟上釘做花飾，我的胸前開出了玫瑰，心花都怒放了。

經她的巧手一點劃，我那枯瘦的身子頓時有了春意，潑野的性格好不容易給添了分女孩子家該有的嫻靜。然而，我猶記得婚禮當天，母親卻把自己的金飾都給我胡亂掛戴上，有些多了，俗了，也有點兒超齡。婚禮現場我更金閃閃地搶了戲，我還記得大家對我指指點點，說：「那女孩子怎麼那麼多條金項鍊啊？」

你瞧，我媽沒得閒做衣服，補衫褲，卻還是生了那麼多孩子，這就叫勞碌命。她這個工廠倒很不錯，生產的孩子都算好看，弟妹尤其漂亮。小妹年輕時像何莉莉，比我要漂亮。大弟更漂亮了，歌也唱得好，卻患小兒痲痹。長大後，林松義的舞團曾看上他，林松義可是全台最早的唱跳歌手，很紅的。我弟受邀入團，一樂，忘了自己的腳有病。去試跳，跳到腿踢高的地方，腳一軟，人倒了，機會就沒了，好可惜。大哥歌唱得好，大姊舞跳得好，就我一個不會唱歌。會就好了，能賺更多錢的，就是不會，好可惜。

布店的生意極好，忙不過來，後來爸媽索性拉著一家人住到店的樓上。人多，可以說是熱鬧，也可以是場災難。孩子全睡擠在大通鋪上，人越大漢，床越顯小，一會兒碰胳膊，一會兒扯腿腳，一個不如意就翻身打架，有頭髮的就抓著頭髮打。架打完，頭髮扯過，也就扯平了。

這麼多孩子，那生活怎麼過的，飯怎麼煮的，好厲害。也難怪父母在這之前，就曾動了送養的念頭。那念頭動到的，不是別人，正是我的身上。他們當初想把我送走，可是沒送成。想想我也蠻厲害的，被送走，卻硬是把自己給送回來了。

事情是這樣的，我的上頭有一雙兄姐，那個年代，家裡該有的都有了，若再添個女的，就該送養了，很正常的。四叔家無後，哥哥家孩子多，送一個去，也是很正常的。某一天，四嬸來我們家牽著我要走，同我父母幾個大人嘴上欲言又止些什麼，雖沒說明白，那氣氛實在不對勁，因此我的人是跟著走了，心裡卻有千百個不願意。我沿路哭，到叔叔家還是哭，天天哭。

一天，他們把我帶到自家店裡，四叔家也是賣布做裁縫的，說也奇怪，突然之間，我不哭了。原來，一進店裡，我便瞧見櫥窗裡好漂亮的一塊布，沒看過的，圓點點的，黑白雙色的。我給那點點迷惑住了，死命地盯著那塊布看。我看得這麼專心，哪還能分神去哭呢？不用多久，叔叔嬸嬸就給我的盯看弄明白了，他們原來的鬱悶糾結，突然之間，都豁然開朗了。

四叔四嬸喜孜孜地從架上取下那匹布，好勤快地連夜縫改。整夜我都沒再哭，睡臉一派祥和寧靜。第二天一大早，他倆將一件漂亮的小洋裝捧在我的眼前，黑底白點的，我心裡頭真高興，表面上卻不動聲色。直到四嬸將那件洋裝確實地穿套在我身上，我憋了整晚的情緒終於鬆動了。可是，卻不是笑了，是又哭了。

這哭，來得也很突然，卻把我的叔嬸給徹底地哭明白了，原來眼前這孩子有自己的主張，原來這世上有強求不來的緣分。我演員做了近三十年，還是不會演哭戲，可這忍住不哭的前戲也真厲害，它能讓哭來得正是時候。便是我哭對了時候，才能把那一身洋裝，連同自己，都一起送回打算送我走的那個家裡去。

**我從不拉板凳跟著瘋看戲的，坐不住，沒一會兒就想走**

天水路與延平北路交叉口那房子，門前當然沒有水塘，就那兩條路斜叉著。後面也沒山坡，卻有和延平北路平行的窄巷一條，我管它叫後巷。有條後巷能有什麼稀奇？欸，它可不是一般的巷子，那巷尾是我家，那巷頭，是一座廟。

有神做靠山，那風水格局，可比家後面有個山坡還要神氣。這廟如今還在，只是被架高了，像浮在半空中似的。人家常說舉頭三尺有神明，這兒是舉頭三公尺有神明。它叫做法主公廟，從小就聽大人說，這廟很靈。我們家搬來時，那廟還穩坐地上。若想開車借道我家後巷，很抱歉，此路不通。法主公祂老人家坐在巷口，被神給擋住去路，你總不好請祂讓一讓吧？

每逢酬神或做普渡，除了三牲，我媽也大量大量地淘洗糯米，在灶上生大火，炒起紅豆餡，炒得兩頰飛紅。她把米磨成漿，團一團摻和上食用大紅豆，我們這群小毛頭就跑來胡揉瞎搗一番，小手也弄得通紅。再將紅豆餡塞塞，模具壓壓，灶上炊炊，紅龜粿便成了形。大夥兒列隊捧著小紅龜，從後巷一路送到廟裡去，回頭再祭過自己的五臟廟，日子便紅得很吉祥，臉上腹內都堆滿喜氣。

平常日子裡，我喜歡在後巷閒晃，像條野馬，挨家挨戶串門子，到處趖晃，看有啥物通看通買。我愛逛街，這老毛病到今天沒改。我從小就十分的會走路，到今天還是，好像不曉得什麼叫做累。其實人閒下來才容易累，給無聊累的。

你說後巷窄小，有什麼好看的？欸，後巷雖開店不成，整排通通是布攤。那些布攤規模跟我家沒得比，我家的布是整捆整捆攤放的，供人買，也給人偷；人家做小生意，沒法跟我們這樣擺闊，方方寸寸都要精算。布捆過不算，還要錯落疊放，只餘下窄窄一塊布面給人客觀看。

後巷的店面雖縮水，生意可沒跟著縮水，許多小販後來都發了大財，比我們要發達。你瞧，這神擋住你的去路，卻沒斷了你的財路，也難怪大人老說那廟靈，忙把小紅龜成群結隊往廟裡送去。

後巷熱鬧，廟埕更不用說了。當時是廟在哪兒，戲就在哪兒，廟口看戲是這樣的，戲是其次，熱鬧才是重點。我從不拉板凳跟著瘋看戲的，坐不住，沒一會兒就想走。我喜歡看布，看人，看人生如戲，戲如人生。四處蹓躂，遠比杵著不動來勁。我這麼閒晃並不是漫無目的，其實還是別有居心。因為串門子是這樣的，玩是其次，跟大人討塊糖吃才是要緊。

除了愛逛街，我的愛吃也不是一般檔次的。那程度，是才小學年紀，已懂得借錢批碗粿來賣。當時碗粿只有茶杯大小，疊裝在大簍子裡，上罩一塊棉布，可以保溫。茶杯在我背上碰撞，沿途喀楞楞作響。我人小，嗓門大，「賣碗粿喲」這麼扯嗓瞎喊一陣，人就來了。碗粿才杯大，人客立食便能嗑淨。回程時，那空杯的喀楞聲音更加的好聽，褲兜子裡銅板相撞的聲音也好聽。

碗粿的銷路不壞，售完不成問題。但我批來賣，賣還是其次，吃才是重點。餓了，就跟客人齊站著嗑它一杯，賺的零花，還能拿去買點甜的，有甜有鹹，那才過癮。除了買幾條常見的紅片糕，我最愛熱燙的大紅豆。偶爾也買塊巧克力，當時的巧克力是一整片的，很硬，我可是寶貝的很，只肯掰下小小一角，還捨不得用咬的，都用舔的。

後巷熱鬧，看熱鬧的人不能不多，人一多，嘴不能不雜，布匹吃食花樣多，流言也沒短少過。我從廟口蹓躂到巷尾，道聽塗說，最記得是大人小孩都常傳講一則故事，講的是有個日治時期就開始做藝妲的女人，以前是江山樓的大紅牌，但給人嫖後便患上性病，被少東拋棄云云。

這則傳言的厲害之處，倒不是故事有多高潮迭起，而是有個現成的人物，讓傳說具體成了形。那個後巷的女人，成天就偎在我家店後方一根柱子旁，將自己活生生地偎成了流言的標靶。

我清楚記得她那模樣，鼻頭塌扁不算，還潰爛了，和一身蓬散凌亂的頭髮衣物彷彿成組成套的。大家對她很嫌棄，說是怕染病，走避不及，眼神和耳語卻偏偏黏住不放。她也不知怎麼搞的，居然還公然唱起勸世歌，可是邊唱卻又邊把眼神壓得低低，像是生怕一不小心跟誰對上似的。雙方眼神這麼你來我往，欲拒還迎一陣，傳說只能演變得更離奇，真要比台上的戲還好看，你說，我怎能乖乖坐著看戲？

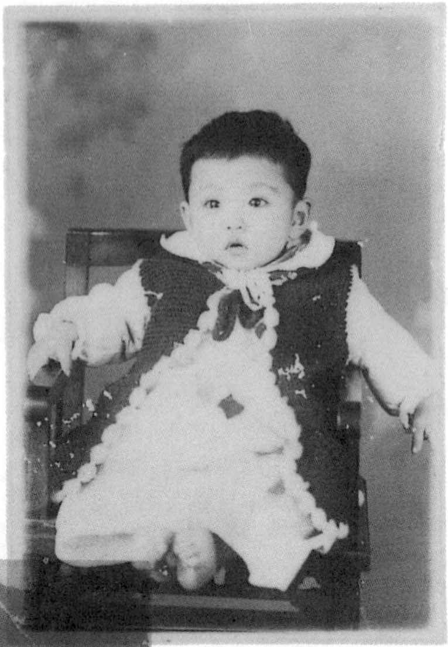

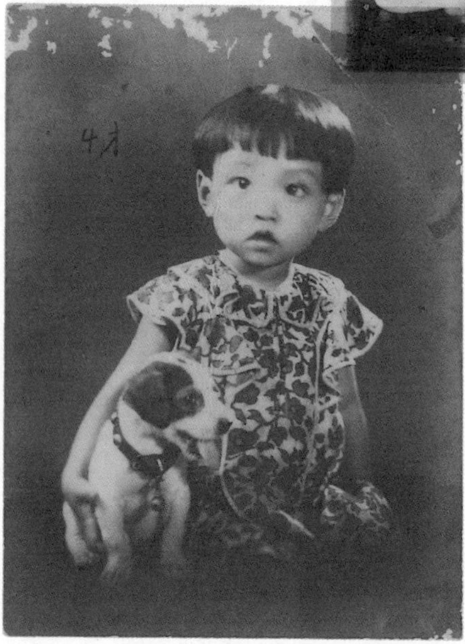
4才

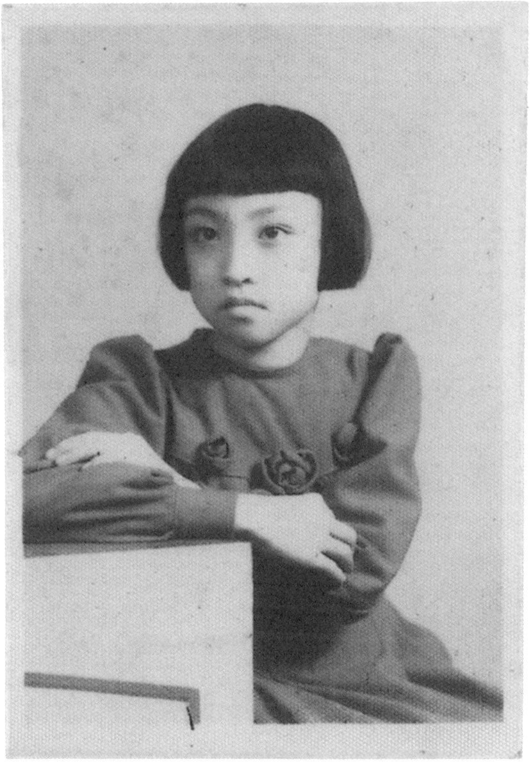

第二章

# 白洋裝少女的戲台夢

**這女人我見了，卻不敢喜歡，只生出種種慚愧**

大概到了我小五或小六年紀，每逢下課時間，老師就鏘鏘鏘地敲鈴，叫同學們集合排隊。老師站在大桶子這一側，同學們拎著個鋼杯瓷碗，列隊排站在另一側。老師用大湯勺從桶裡舀出乳白顏色東西，同學將杯碗湊上去。無論杯碗大小，為講求公平，都給盛添上一滿瓢，不多也不少。鋼杯裡頭晃著那乳白色的液體，就叫做牛奶，是美援的洋玩意兒。有的同學怕那氣味，說是有奶腥，一旁作嘔。我呢，卻大為稀奇美國牛的厲害，稀奇世上有這麼好喝的東西，更可惜同學不喝的那一份不能由我代領。畢竟按規矩，每人不多不少，只能是一瓢。

到現在，我還是嗜奶如命，尤其愛把牛奶滾燙了，逼出上頭一層油亮的膜，撈食那精華中的精華。自那時起，我的人生就不能一天沒有牛奶。後來家裡也添購奶粉，我常用湯匙鏟挖著吃，吃得滿嘴是粉，口頰噴香。我就記得有回跟家人出遠門，兩三天沒回家，我想得快發狂，到家頭一件事就直衝向奶粉罐。我說這嗜奶如命和嗎啡成癮，其實哪有兩樣。

不知道是不是愛喝牛奶的關係，小學五六年級我人就抽長，是全班上數一數二高的。除了抽高，女孩轉大人還有件事情少不得。一天，班上有同學偷錢，卻沒人自首，老師動怒搜查全班，連裙底都沒打算放過。好巧不巧我的褲底就在當日見了紅，原來那就是初潮。我東遮西掩，一臉心虛，樣子一定很像個做賊的。眼看老師就要往這邊來了，情急之下，我靈機一動，拉上件黑色運動褲，這才鬆了好大一口氣。

那時月事來潮，有多麻煩你可知道？我們沒有棉片這玩意兒，得自己將幾張廁紙撕成條狀，捲成內芯，夾在完整的廁紙內，鋪墊在褲上。廁紙更沒半點兒柔情，常刮得大夥兒鼠蹊和大腿內側都跟著出血。當年不比今天風氣開放，月事是丟人現眼的事，再怎麼痛苦，也不好四處去講。

然而，我愛開玩笑的毛病卻按捺不住，有天我正在做那護墊，來家裡幫忙的傭人問我在幹啥，我回她說：「在做潤餅捲哪，你要不要來一塊？」她噗嗤笑出了聲，我又接著說：「等會兒這潤餅捲還會給你抹上海山醬喲。」這不害臊的惡趣味把她和自己都逗樂了，兩人笑蹲在地上，月事還沒來，先把肚子給笑疼了。

人抽高了，月事也來過了，人的模樣和性情都發生了一些轉變。考上當年的台北市立女子中學後，下課得騎鐵馬回家，家裡做裁縫的年輕師傅見我回來，故意提高聲調，斜眼覷著我，尋我開心：「哎喲哎喲，是李麗華回來囉。」當時我還真不知道李麗華是誰，也不知他們是在笑我呢，還是在誇我，更不好開口去問，只是一逕地往樓上躲。

我都轉大人了，還是戒不掉串門子這毛病，有了鐵馬加持，那更是野得變本加厲。我一會兒往對街跑，一會兒往後巷拐，連遠在淡水的朋友家都照去不誤。有個同學家住西門町，西門町和延平北路一般熱鬧，我也常去她家玩。她家世好，請得起家教，那家教是個台大的高材生。

市立女中是當年初中第一志願，就是現在的金華國中，離台大校園不遠，走路能到得了。課後常有一排穿卡其褲的台大男生來我們校門口站崗，我聽同學說，他們那是來揀老婆的。我也沒好好給打量過，下了課騎上鐵馬一溜煙就走了，因此沒能成了誰的老婆。倒是同學的家教曾託轉了張紙條給我，上頭註明了時間地點，這該是我人生頭一回被正式邀約吧？什麼時間地點記不清了，紙條也沒留下，因為我沒去。我將那紙條揉捏了半天，沒去。不知道去了要說什麼，做什麼，怕尷尬。

那個同學家也沒再敢去了，所幸能踅晃之處還是挺多的。後來附近的雜貨和文具店架上開始販售許多明星照片，霧光的、亮面的都有。上頭多半是上海和香港的電影女明星，那時候都還被稱為國片女星。大人小孩都圍著看，我也好奇地跟湊上去。不看不知道，一看不得了，都看傻了眼。那些相片上的女人跟平日見過的女人都不一樣，個個皮膚潤澤，頭髮擺浪，眼神水亮，周身還有層光暈似的。怎麼看都不是凡人，是仙女。

照片上簽了名，我看來看去，只見其中一個眼神娉婷，長得很秀麗，很文藝，我很喜歡，湊近細細讀她的簽名，兩個字我都能識得，原來叫做尤敏。轉眼又見了另一個，那位眼神勾魂，豔光四射，只消淺淺一笑就萬種風情，她人雖明豔，可沒失卻半分典雅莊重，氣勢直壓群星。這女人我見了，卻不敢喜歡，只生出種種慚愧。

我小心翼翼地拿起那照片端詳，上頭逸筆草草，左看右瞧，只看出她姓個李字。老闆見我拿著照片呆杵了半晌，說：「想買李麗華啊？一張X角。」我心底驚呼一聲，趕緊把照片擱下，跳上鐵馬。原來，這女人，就是李麗華。

我騎著車，心裡一會兒高興，人家說我像李麗華呢；一會兒滿腹狐疑，我哪裡像她呢，怎麼能像她呢。直想回家照鏡子，好好確認一下自己的嘴唇和眼睛，可是一想到樓下那群師傅，卻又不願回去了。人只能在外頭瞎繞，直到師傅都下班了，才敢回家。

**跑去燙了顆頭，很捲，很土，穿上母親給做的白洋裝**

我自小雖愛逛街，愛串門子，但對讀書還是沒有二心的，從沒顧此失彼。野歸野，都還是野在乖的範圍之內。考上第一志願後，在班上雖拿不了第一名，卻非第二、三名不拿，最好的科目還是數學。主要也是我爸懂得利誘咱們，拿高分、名次那些是其次，我呢，主要就為賺他那點零花。

然而，初三時，我的專心卻遭動搖了。讀書的心一旦給搖晃過，就質變了，不會再是那塊料了。時逢內台歌仔戲的黃金時代，班上幾個同學迷上看戲。她們自己看不算，非要拉我一起。許多歌仔戲都在大橋戲院上演，現在圓山那裡不是有個大橋頭夜市？拐角處有個警察局，那裡就是以前的大橋戲院。大橋戲院是木造建築，上蓋瓦片屋頂，沒有旋轉舞台，沒設彈子室、咖啡廳，連木造座位也十分陽春，很寒酸。然而，我初中時，那裡卻總是鬧哄哄的。

我記得沒多久後我就要從市女畢業，當時有一團出身苗栗苑里的歌仔戲班來了，叫做華台園，裡頭有幫四姐妹很出名，大夥兒索性就喚那團為四姐妹。同學們對這四個姐妹那是迷得不得了，常在學校把她們那八句聯、四句聯模仿得唯妙唯肖，又常說那青衣碧麗雲如何厲害，講那小生碧麗嬌怎樣風流。

民國四十四年四月天四姐妹又來了，欲在大橋戲院登台演出。據傳此行將再添二小妹來演，那一共就是六姐妹了。同學把報紙帶來學校，在我眼前嘩地攤開，順著她們好事的指頭看去，只見一則廣告上寫著：「四二年度北部劇團比賽大會冠軍再來了，本團費三年薪水，耗資數萬，特編排台灣空前未曾有正本歌仔戲，從頭至尾全部用八句聯對答，勝過山伯英台數百倍，請觀眾勿失眼福……」

我心裡還拗著，想說我歌仔戲看得還不夠多嗎，這幫姐妹能厲害到哪裡去，風流到哪裡去？越想越覺得非一探究竟不可。這一看，欸，那真是跟以往看野台不一樣。不知道是不是地方上都興辦戲劇比賽，不知道是不是大家都不喜歡輸的感覺，那些佈景上的山水亭台越畫越逼真，衣冠服飾越穿越花俏，文武劇與唱詞對答也有妙趣。舞台前後共三層，可以換幕，劇情有些灑狗血，但確實年輕活潑了，把我這個怕無聊的都看癡迷了。

六姐妹之中，我倒並不特別屬意小生和青衣，卻頂愛那飾演小孩的妹妹，人們叫她魔神仔。她那模樣身段真靈氣，演起戲來，舉手投足中邪似的，確有精怪之感。我長這麼大，好像終於把戲看出了趣味，看出了門道。雖算不上把唱詞、段子倒背如流的重度戲痴，可看完戲回家後，學著唸唱、比劃一番那是有的。正是自那時起，開始覺得演戲這檔事，還真有點意思。

當時一個戲班巡迴到一個地方，一演就連十天。他們也很賊，在每天戲尾設計一段相勾戲，在高潮處喊停，說那結局下回才見分曉，把觀眾的懸念勾得老高，回頭率也勾得老高。

我的心也給懸著，天天忙追劇，一追就是十天。有天上學，我被叫到級任老師那兒去了，「你跑哪兒去了？」老師厲聲問，「打學校開始起沒有這樣的，只有你，上頭喊名字沒人上去！」原來頒校長獎時候，台上校長喊了我的名字，喊了好幾次都沒人應，臉上的笑都僵了。居然有人得獎不領，怎麼會有人看個戲，看丟了虛榮心和獎學金？

總之是愛上看戲了，覺得演戲活潑，好玩。加上我從小就喜歡跳舞，也曾代表學校在國慶日時到總統府前跳採茶舞，對表演這事一直很感興趣。同年七月從學校畢業了，剛好看到中國電影製片廠以「萬歲劇團」的名義招考演員，我就去了。當年有顆憨膽，還不曉得什麼叫緊張，也沒準備，就跑去燙了顆頭，很捲，很土，穿上母親給做的白洋裝。

我一個人搭火車到北投復興崗，來到喚作「中製廠」或「製片廠」的中國電影製片廠，按人員的指示魚貫上樓，大夥兒坐在一個隔板外頭的椅子上。聽說當年有幾千人報考，但我印象現場人並不太多，喊到名字就進去。輪我了，走進門裡，只見素未謀面的主考官坐裡頭，整間全是淨空的。也沒考些什麼，就叫我走過來，走回去，做些簡單動作，沒幾分鐘，他就說，好了好了，下一位，就這麼完了。我搭上火車回家，像是辦妥了什麼，就把這事擱下了。直到八月份，家裡來了一封信，信上頭寫著恭喜錄取，告知我報到地點，我才想起有這回事情，也才知道，原來演個戲還要住宿啊。

知道我要進劇團，要外宿，爸媽也很淡定，好啊好啊去吧。拉著行李，我就自己搭火車又到了北投復興崗。報到時，只見一共錄取了八男八女，男的有個武家麒，後來他也演電影，還曾跟我搭擋演《天字第一號》續集。他笑我頭髮很捲，我都記得。裡頭大概屬我年紀最小。

我到的那年，由軍方國防部管理的中製廠才遷廠到北投第四年，攝影棚、館舍都還在陸續搭建。我記得報到當天，我被領到宿舍，宿舍離門口不遠，四個四個住一間，睡的都是行軍床。當時不覺得刻苦，總比家裡的通鋪要強。睡床是阿兵哥式的，伙食也是，早餐多是白粥、米飯，配上小魚乾、泡菜。那粥煮得真好吃，到今天我都很懷念。中餐、晚餐就是大雜燴，豬肉炒豆乾這樣的，偶爾有塊滷肉。飯菜都是大桶大桶裝著，我們拿著托盤領，還能有顆饅頭。我們這些演員跟製片廠的辦公人員都在食堂裡一塊吃飯。

原來以為是進劇團，要演舞台劇的，沒料到後來卻是演了部電影。演的是《洛神》，平劇電影，女主角是金素琴。她的嗓音真是甜潤，在三〇年代的上海，她可是四大坤伶喲，後來被迫離滬，輾轉到了香港，才又到了台灣。當時中製廠找來的女主角多半是外聘的，除了金素琴，我記得還有盧碧雲，盧也是當年上海的話劇皇后，民國三十八年隨丈夫來台。她們來台都做康樂隊的演員，戲演紅了，中製廠就邀請她們擔綱電影女主角。雖是禮聘來的，吃睡仍跟我們一起，啃的是饅頭，睡的是行軍床。

《洛神》這戲的主要內容是曹丕和曹植為爭奪權勢和女人，兄弟操戈的歷史事件。我們這些招考進來的就扮作金素琴身邊的八童男八童女，隨意紮綁個包頭，穿套件不特別合身的戲服，演技那是生澀得可以。沒劇本，也沒唱詞，名副其實跑龍套的，金素琴她跑到哪兒，我們就跟著跑到哪兒，她把水袖甩甩，我們就跟著甩甩。一會兒圍著金素琴下腰，一會兒拿著旌旗繞她兜圈子，一群小雞跟著母雞似的，渾然不覺鏡頭在哪的瞎演一氣。

我還記得每隔段時間，金素琴會帶我們上台北教堂，教一些基本的台步和身段，跟著扭擺些姿勢。片廠有個大姐從北京來，清早帶我們到後山吊嗓子。這身段和嗓子在戲裡、中製廠裡頭都派不上用場。中製廠招考演員，除了解決徵募臨時演員的煩惱，好像只是招我們來幫忙嗑饅頭，數日子，給片廠裡頭也添幾個跑龍套，讓場子熱鬧些的。

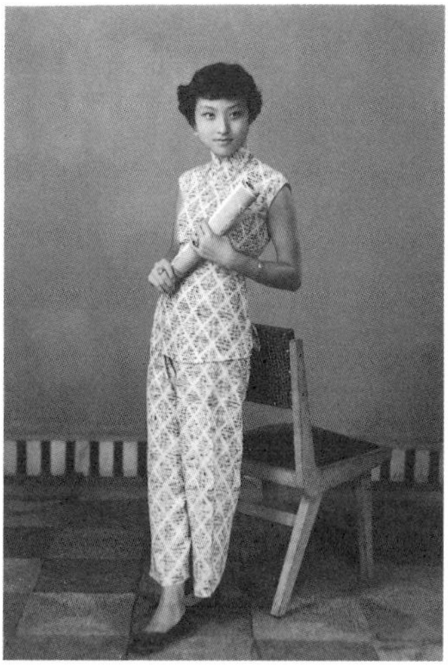

在《洛神》裡跑跑龍套，我還真不敢說那是我大銀幕的處女秀。那銀幕很大，我的人卻還是找不著，畫面和戲份都侷促得可以。我正式出道，頭一回正經演電影，那該從《運河殉情記》算起。

算算我才迷上看戲沒滿兩年，各家戲院的紅幕卻都逐漸撤下，換上白色布幕了。只是白色的布幕不叫白幕，卻叫銀幕。有幾個閒錢，或者有些才華的人見那風向轉了，也都不做紅帷夢，改編織銀河大夢去了。大夥兒揎拳捋袖準備大幹一場，台語片就在這亢奮浮躁的氣氛下輪番開鏡。

我原來還在萬歲劇團嗑饅頭數日子，日子很是逍遙，卻也閒得發慌。父親的朋友是個土財主，叫做吳心布，正逢台語片熱潮，順勢入股了林章創立的南洋影業公司。一天，吳心布到家裡找父親，我剛好在家。他見了我，便問，要不要到他們電影公司去，有新戲正要開拍呢。我心想閒著也是閒著，便答應了。我去見了個導演，叫做何基明，聊沒兩句，事就成了。事成了，萬歲劇團也就不去了。

《運河殉情記》是我的第一部台語片，可不是何基明的第一部台語片。他的第一部台語片叫做《薛平貴與王寶釧》，也是台灣第一部三十五毫米的台語片。這片子在民國四十五年首映，台灣人講情面，頭一部自製台語片，說什麼也不能給自己人漏氣，呼朋引伴盛情捧場自是不在話下。其中一個上映地點，就在我家附近的大光明戲院，只見那戲院天天滿座，場場爆棚，一共演了廿十四天。

眼看台語片接連開出紅盤，導演、合夥人和觀眾更興奮了，一眾眼熱心躁的。光是《薛平貴與王寶釧》，何基明就一連拍了上中下三集，後來又拍了部《范蠡與西施》。《運河殉情記》那已經是他第五部台語電影，這些片都在同一年殺青，都是民國四十五年。才這頭一年，台灣足足就有二十多部台語片上映，你瞧台語片產製那個效率，那個猛勁。

《運河殉情記》倒是除了鄉里傳說之外，頭一次以新聞事件為材料的台語片。說是新聞，其實那事情早半舊不新了，跟鄉里傳說也沒兩樣。這部電影改編自二十年前一個真實故事：養女陳金快被後母逼迫下海，愛人吳海水欲為她贖身，只得走私以圖厚利，結果二人被逼上絕路，雙雙投入台南運河殉情。

民國四十五年，我已足十七歲，轉眼就要滿十八了，登上大銀幕剛好送自己一份成年大禮。不過其實飾演陳金快的是柯玉霞，我只是女配角，戲份並不重，倒是戲外的人生有些高潮迭起。

開拍不久後為宣傳，要辦個記者招待會。頭一次公開亮相，得好好起個響亮的藝名，我左思右想，想起當時知名的上海香港明星常姓白，像是白光，又如白雲。他們更常取個單名，像是林黛，又如鍾情。不如我也來姓白，取個單名，叫白蘭吧？有人卻告誡：「『蘭』這字太繁複，藝名嘛，得取小學生都看得懂的才行。」我歪頭又想，「蘭」不行，那「紅」總成了吧？「白紅」二字筆劃少，一白一紅也很醒目。

沒多久後，台語片明星裡頭還真出了個叫白蘭的，常被票選為人氣第一，我可從來沒聽誰嫌她的名字繁複，倒是白紅兩個字被不少人說很老土。拍下一部片時，我趕緊把「紅」改成「虹」字，少有人知道我的名字曾這麼白裡透紅。所以我說，別人說的話聽聽就算了，別輕信。

名字取好了，還得自己準備記者會上亮相的衣服，才算齊備。眼看沒多久就要登台了，家裡卻在這節骨眼上，出了事情。

我記得前一天還好好的，店裡還是一如往常喜慶。隔天清早，怎麼有人來店裡搬布。不是買，也不是偷，而是正大光明地搬，大搖大擺地搬。把店裡全搬空了，一乾二淨。父母那個臉色青筍，我記得他倆還跑路了幾天沒敢回來。

我爸向來為人海派，老想說生意好，錢去得快，自然來得也快，凡親朋好友開口借錢的，他沒有不借的。怎知時逢人稱「七溶八溶，溶了了」的壞年冬，一整條街一夕倒閉者所在多有。所有借出去的都溶了了，沒了，有去無返。我父親自己血本無歸不算，還欠上一屁股債，得用布、用店來還。

眼看就要開記者會了，學校畢業沒多久，我也沒幾件像樣的衣服。可是家裡出了事情，我哪好在此時添亂。母親在家裡偷藏了些布，可是有了布，卻沒有工錢。眼看時間就要沒了，我心裡著急，急出了眼淚。我爸見狀，問我怎麼回事，聽說我籌不出工錢做件登台衣服，他一個大男人竟跟著哭了，還抱著我哭。

我們家雖然人丁眾多，但布店生意極好，即使戰事期間，還不曾愁過吃穿。轉眼之間，卻一無所有了。家裡還有弟妹要養，我剛出道，薪水微薄。我爸從此委靡不振，遑論東山再起，只能憑著對布料的專業當業務員，然而不穩定。家計重擔一下子落到做會計的大哥頭上，真沒辦法時，他還得開口跟他老闆借錢應急。我母親也很認命，到後巷、圓環賣大腸頭、仙草冰，也做些小鞋小襪賣。我大姐常說，她那是「前兩天還是老闆娘，後兩天就成了打雜的。」

關於那個記者招待會，後來不知道我爸上哪去湊來了錢，硬是給我做了件洋裝，一聲不吭給擱在桌上。只見那領口上打了摺子，胸際上鑲著一圈兔毛，真的好別緻，我好喜歡。我看著那洋裝，一時之間也說不出話，只是將手指順著那圈絨毛摸去。絨毛滲進指縫裡，柔順的很，可是心裡卻挺難過的。

香蘭 攝影社
Studio
HSANGLAN
台北

民國四十六年，我滿十八，怎知自己轉個大人，家裡也會跟著變掛。家裡遭逢變故，人也成年了，萬不能再這樣閒晃瞎鬧下去，得長點志氣。我才剛出道，找上門的戲只邀我做配角，心裡雖不大情願，但片約好不容易來了，哪容得挑揀。只能趕忙說，好，我接，都接。

《運河殉情記》之後，我接演了《夜來香》。導演原來是中製廠裡的化妝師，名叫房勉，《洛神》的妝就他化的，我倆算是有點淵源。這部片的主人翁同樣是一對熱戀中的男女，男的叫春生，女的叫秀蘭。春生被徵調南洋服役，秀蘭慘遭強姦後無奈下海，春生返鄉盛怒出走，秀蘭羞恨投湖自殺。你瞧，這劇情還是這麼灑狗血，催人淚。然而，這是頭一部在新竹取景的台語片，在風城，它引起的不是悲情，而是激情。

巧合的是，飾演秀蘭的李蕾，她不只在這戲裡下海做酒女，戲外她也出身自酒家。當時台語片裡，從酒家出來的女伶並不少見。酒女演電影，常是被財大氣粗的老闆看上了。大老闆的眼光和頭腦自然很好，他們看上的，不只是女主角，而是一門一石二鳥的生意，怎麼算都不會虧本的生意。

你道是這些酒女當上花旦，怎麼才演一兩部片就息影去了？其箇中原因，是她們不只是被大老闆看上，還被大老闆娶上了。被娶上了，卻不見得是大房，也不見得是二房，被排到更後面房間的所在都有。

片裡其他演員的出身卻南轅北轍，許多都來自當年的國立藝術專科學校，像是男主角杜詩、配角洪芳與葉清標，他們都是話劇科頭一屆的高材生。一次來了三個，肯定是學校派來實戰練兵的。他們有話劇經驗，又經名師崔小萍點化過，個個是實力派。跟高材生對戲，那我得奮發圖強，用功上進點才行。

《夜來香》之後，我又接了個標榜「台灣第一部恐怖緊張倫理大悲劇」的奇片，名為《火葬場奇案》。片中有火葬場上人與鬼的異界搏鬥，除了人鬼角力之外，更有兄弟同爭一女情意纏綿的劇情。奇情異色不算，還兼具恐怖悲情，噱頭十足。

這回我對上的，那更不是一般角色了。這部奇情倫理大悲劇的女一，可是發跡於日月園新劇團，演過《桃花過渡》、《瘋女十八年》等叫好又叫座的台語片，更於首屆台語片金馬獎摘下后座的第一人——小艷秋。更不用說頭幾屆徵信新聞辦的台語片明星票選，她都穩坐第一。只能說她當年是紅得發紫，火得發燙。

演這部《火葬場奇案》時，小艷秋面容身材姣好，可有股盛氣。導演梁哲夫對我很好，可他對小艷秋更沒轍，更沒脾氣。我就記得有場戲，小艷秋得從睡夢中驚醒，驚醒了就要尖叫。本來那場戲沒我的事，可她卻非要我先叫，把她叫醒了，她才願意叫。她人紅，導演處處順她的意，居然要我照辦。我心裡有氣，叫得很沒感情。

照理說沒我的事，我叫得沒感情也沒關係，可卻碰上個棘手的問題，就是我沒叫好，她會 NG。無奈只得把感情放下去，認真叫上一叫，可我的嗓子卻老鎖著，放不開。後來梁導一直沒能喊卡，把小艷秋給急壞了，氣得啐我：「你連叫一聲都不會，來演什麼戲？」

經她這麼一啐，激起了我內心無窮的鬥志。我告訴自己，凡她會的，我都得會。當時她演那《瘋女十八年》有顆最出名的鏡頭，讓不少影評人大書特書，也讓她拿下一座金馬獎，那顆鏡頭就是她發瘋、顏面肌肉抽搐的特寫。同台演戲時，我親眼見過她自由操縱眼下那塊肌肉，讓它們任意彈蹦起來那模樣。我就不信這女人能的，我辦不到。想想我也蠻無聊的，當時天天練習，現在你隨時叫我抽蹦個兩下，我也可以。

正是她的那句話，讓我起誓不能再給誰說不會演戲，再給誰瞧不起。自此之後，我一拿到劇本就閉關苦練。每逢難演的橋段，趁家裡沒其他人時，就對著鏡子試演再三。我對著鏡子笑，對著鏡子叫，眼看鏡子裡的我歇斯底里，邪魔附體。

當時布店倒了，舉家也搬到大哥買的新厝，新厝在延平北路三段。那個年代，大家從不閂門閉戶，鄰居便聽得我家裡一會兒發出尖聲，一會兒傳出怪笑，常好意來問。我應門時都裝得一派輕鬆，堆上滿臉的笑容，你說啥咧，沒事啊，你聽見什麼聲音？眼見鄰居歪著頭回去後，我便斂起笑容，稍把聲量轉小些，繼續辛勤地鬼吼鬼叫，自言自語。

人家說演戲的是瘋子，還真是說對了。我原來就有憨膽，不知道害怕，給她這麼一激，像被鑿開了竅，也變成了個瘋子。變成瘋子，演起戲來卻得心應手，也真是奇了。

更荒唐的事還在後頭呢。事隔幾十年後，八成誰也料想不到，我和小艷秋居然成了姐妹淘。如今兩個瘋女人還時常手挽著手一起看平劇，感情好的不得了。我說，這人生劇情的急轉直下，絕對是比那戲裡更撲朔迷離，更出人意表的奇案一樁哪。

第三章

# 戲外比戲裡還精彩的演藝人生

**你能迅速致富成名，自然也有你不得不償還的代價**

民國四十七年，我十九歲，頭一次登上大光明戲院的舞台。那一天，戲院周圍都是人，想登個台，比登天還難。不知是誰扯嗓喊了——借過借過都讓讓，人海之中才漸漸通開一條窄道。好不容易踉蹌移步台上，我把站姿和情緒都穩了一穩，只見台下的躁動慢慢靜了下來，數百隻眼睛齊盯著我。才預備好要說些什麼，有東西卻率先飛砸了過來。

這事得從被小艷秋激怒，我閉關練戲功說起。在《火葬場奇案》之後，我又接演了一部《可憐的青春》，演個反派。雖說角色性格換了，演來演去仍是配角，這事業怎麼老有個檻我跨不過去。跨不過去，過不了戲癮，心裡那是十分的鬱悶，得想辦法解悶才行。

《夜來香》的導演房勉知有此情，便建議我唸藝專深造去。他說藝專才第二屆，應該不難考，又說可以為我介紹教授，他認識話劇科主任王慰誠，以及他的夫人門祝華。這對夫妻在抗戰期間擔任社會教育工作人員，巡迴大陸各省演出，有數以千計的編導和表演經驗，底子很硬。他們來台後雙雙投身戲劇教育事業，有熱情，跟了他們一定能有長進，有出息。

我聽房勉這麼一說，便去考了藝專。考藝專，跟考萬歲劇團沒兩樣。先填張表格寫寫履歷，再面試表演擦擦桌子，然後便要我們走過來、走回去。考試不難，考上後才難。國立藝專就是現在的台灣藝術大學，那時沒有浮洲站，搭火車到板橋後還得再走上一大段。坐火車通勤，不比走鐵軌、騎鐵馬上學愜意，像我這樣的一匹野馬難免感到綁手綁腳，無法自由撒開腿蹄。

我記得第一屆的學長姐，除了《夜來香》的杜詩、洪芳與葉清標之外，還有陳淑芳、馬之秦等人。同屆的則有劉引商、錢蓉蓉。有的課安排幾人一組演演戲，有的課教授些戲劇理論，還有體育課。校園生活規矩，五育並行，我卻反倒懷念演戲時錯亂的日夜和作息。這悶沒解成，便沒心思唸書了，功課還常委由好心同學代寫，想想還真沒出息。

碰巧在藝專時候，三元影業的老闆葉金龍看到《可憐的青春》，覺得片中我飾演的反派角色很有味道，找上門來。這可是頭一回有人請我演女主角，我心裡很激動，躍躍欲試。可是書才沒唸幾個月，怎能為戲荒廢了學業？老闆聞言，反問我畢業後有什麼打算，我回答說想當主角，他聽了大笑，說：「現在就有人請你演主角，你還等畢業做什麼？」

老闆跟老師一樣，他們說話都有點學問，講些道理，只是一個為的是把思想裝腦袋裡，一個想的是如何把鈔票塞褲帶裡。對一個正犯戲癮，家裡出過事，書又唸得不省心的孩子而言，此刻老闆口頭上開出的支票，確實要比老師的苦口婆心來得中聽。

我一時語塞，只聽他又說這部戲的台語片名是「乞丐開藝姐」。這台語的「開」就是「嫖」的意思，光這五字標題，就能煽動人性。老闆見我沒吭氣，又忙著跟我解釋劇情：一個青年土產商愛上紅牌藝姐，起初她對他百般獻媚，兩人要好起來。後來方知她原是逢場作戲，到了財盡情空時，青年才幡然悔悟。數年後，聞該名妓仍大張豔幟，男子憤而起意要掃除社會毒蟲。於是他雇用染患性病的乞丐扮成小開與藝妲嫖玩，害她染病後淪為街頭乞丐。

你聽聽，這故事分明就是當年我家後巷，那個唱勸世歌女人的事。我暗忖，這傳聞能在街巷讓一個女人成為流言的標靶，也定能讓一部電影賣座，成為話題。這女主角的多面性格、情緒起伏和前後反差，更夠我過足戲癮。這藝妲的誘惑太大，一下子淩駕過藝專的魅力，我很快地別了老師，跟了老闆。

「乞丐開藝妲」的正式片名，叫做《乞丐與藝妲》，比台語發音含蓄不少，導演是邵羅輝。何基明的《薛平貴王寶釧》是全台首部三十五毫米的台語片，這個邵羅輝導的台語片《六才子西廂記》可比《薛平貴王寶釧》還要早上一年，只是他用的是十六毫米膠卷，跟戲院規格不符，因此映演效果不佳。

跟了葉金龍老闆、邵羅輝導演後，這日夜晨昏果真一下子錯亂回去。怪的是，我心裡卻很踏實，父母也從不攔著我。人家常說「戲子無情」，別家孩子演戲，常鬧家庭革命；

可我父母倆挺明事理，知道戲歸戲，人品歸人品，思想很前進。邵羅輝導演時常驚奇：「哎唷，白虹，你媽真好膽，我半夜裡把你帶出來都沒要緊。」其實我和母親的好膽，都是憨膽。好在我福大命大，遇到的都是正人君子，不然拍個戲，只有憨膽，沒長點防心，一個女孩子家也很可能就這麼完了。

拍這個戲時，還碰上件事，這種事學校肯定不會教你。《乞丐與藝妲》這部片的男主角叫賴德南，他的兵單好巧不巧，在拍片中途來了，這戲總不好等他等個三年才殺青吧。老闆厲害，腦筋動得賊快，真給他想到條邪門歪道。他打聽到當年有個做官的，叫做賈景德，這人曾任考試院長，時任總統府資政，是政壇上呼風喚雨的人物，還善詩詞字畫。

聽說賈老先生尤其喜歡年輕貌美的女孩子，老闆便讓我上他家去坐坐。頭幾回老闆、導演還隨同前往，後來幫我預約了時段，自己一個人去。我記得賈老先生的家是日式木造建築，很雅致。他人挺慈祥的，年紀跟我則差了快半世紀，因此也不曾對我怎樣，至多拉我跟他說話，摸摸我的小手，叫聲寶貝。我在的時候，他還常擺擺手，叫佣人跟別組客人說在忙，別煩他。一連去了好幾次後，眼見時機成熟，老闆便吩咐我把兵單的事跟他講了。沒過多久，這兵單就給延期了，戲順利殺青後，賴德南才當兵去。

這個葉老闆確實有些手腕與門道，邵導演也真有些才份。他半夜找我出門，便是因為他對戲的想法特別多，光是白天說講不完。我尤其記得有幾場乞丐戲他處理得很有意思。其中一個，是一群乞丐聽聞能吃飽穿暖、嫖嫖豔妓，全樂壞了，在大街上跳起舞來。《乞丐與藝妲》內景包場蓬萊閣拍攝，街景也選在大稻埕。紅磚街巷裡丐幫群魔亂舞，有些喜氣，也有些不祥之氣。

另一場戲，則是土產商帶乞丐上理容院的場景。這個準備「開」藝妲的乞丐，其實是導演的親弟邵耀輝。邵耀輝的雙頰圓潤飽滿，樣子很福態。在理容院梳妝完事，堆著滿臉的笑，眼睛都給夾成了條縫。邵羅輝拍完他那志得意滿的模樣，又將鏡頭順勢帶向他身後一尊彌勒佛。好一個快活似神仙的妙喻！我記得每次影片放到這裡，全場觀眾必定哄笑成一團。

其實這乞丐角色還是邵耀輝的銀幕處女作，卻讓他一炮而紅。後來他改名為邵關二，也和哥哥一樣當了導演。至於演藝妲的我嘛，也有幾個讓人印象深刻的橋段。首先是片頭，電影一開始，只見我身穿民初裝，頂蓋小紗，端坐在蓬萊閣。我手裡提著小槌點彈箏琴，對嘴唱歌，聞者無不癡醉，一開場就把名妓的身份點明。

故事中途，我勾搭上男主角時，剛好是年節時分。畫面輪流切換妓院和男人家裡，妓院裡男女朝夕風流，對比上妻子在家中獨守空閨。飾演妻子的是張敏，當時就住在我家對街，她歌唱得很好。我至今仍記得她的唱詞，還能哼唱兩句，內容大致就是年尾三十夜，家家戶戶歡喜過新年，她一人等無翁婿，只能苦苦憶當年。

戲的後段進入全片高潮，我知道中計、染病後，人瘋了。和小艷秋演過對手戲的我，終於有機會發揮瘋女本色。我這個瘋女演出一身雞皮疙瘩，導演更請我把頭髮抓得蓬亂。我抓髮踉蹌著跑出妓院，居然冤家路窄，又撞見那對夫婦。人對我嗤之以鼻也就罷了，連一條狗見到我也慌忙走閃。你瞧，我那副喪家之犬的尊容，連條狗都不敢領教，不屑搭理。

片中邵羅輝導演巧思處處，可是這條狗倒不是他的安排。但牠來得巧，閃得妙，很有演戲的天份。老闆葉金龍見狀大喜，他拍著大腿，笑說：「妙哉！妙哉！這是狗來富，這會兒我們真要發了！」

不出所料，這部片幫公司賺了大筆鈔票，其後更引起乞丐藝妲片跟拍風潮。我們幾個主角也算名噪一時，聯合報上有個影評這麼寫：「演員中如飾演藝妲的白虹、土產商的賴德南，前者之風騷賣弄與後者一副臉部表情都相當得體……」更有記者訪問命理師，一口咬定我生得一臉「妖婦相」，說所謂妖婦相就是「眼斜心邪，楊花水性，舉止不端，夫緣多變，老境落魄無依」。但他話鋒一轉，又說這雖是一般人口中「媚、妖、騷的破相」，在舞台銀幕上倒有些優勢，能比富貴相還要吃香，說我長得「難能可貴」。

「妖婦相」原來既可貴，又得體。我看了報導，真不知該悲還是喜。不過我向來不大在意這些，還是演技叫好，電影賣座才是正經。

十九歲時，我如願當了女主角，隨片登台。我記得那天戲院爆棚，戲院前的鈕扣街和側街上都是人，想要登個台，比登天還難。好不容易感受到紅的滋味，才預備要說句話感謝影迷厚愛，沒料到迎來的不是掌聲，而是飛來的瓶罐。我當真嚇壞了，慌忙退向後台。人還喘著，驚魂未定，卻聽主持人在幕前說：「謝謝你們，謝謝，你們看得這麼入戲，表示她演得好。」他的聲音很冷靜，「她演得好，你們該丟的是紅包，不是酒瓶。」

我想起後巷那個唱勸世歌的女人，那一天，我也成了一個活靶。我當下就明白了一件事：當個藝妲不比做學生，你能迅速致富成名，自然也有你不得不償還的代價。

我想明白之後，便將牙根一咬，大步走回台上。我始終記得我在台上嫣然笑著，笑得很沒事，很從容，很大器。

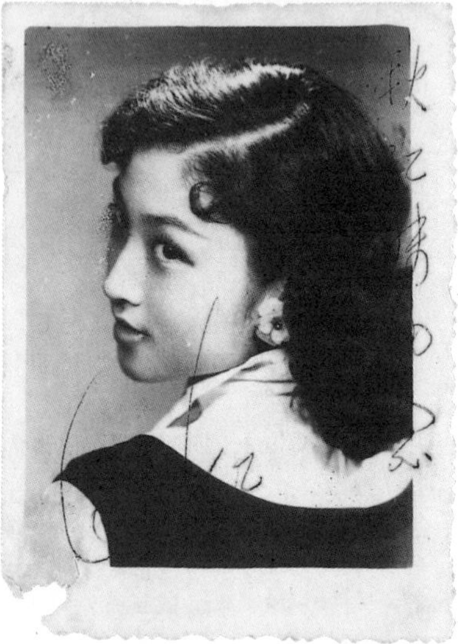

《乞丐與藝妲》拍完沒多久，說也奇怪，一對老師夫妻竟找上門來。他倆倒不是要勸我到學校去，卻是來告訴我他們決定拍部電影，叫《碎心花》。我當初別了老師，跟了老闆，可萬萬沒料到，這老師也能改行當老闆去。

只見兩人誠心誠意，說為這戲把辛苦積攢的薪水全賭上了，又愁說湊不出像樣的酬勞，不知是否請得動我。天知道我雖怕演哭戲，卻更怕別人動之以情，當下沒第二句話，便把片子接了。你要知道我們家，我的父母，做的雖是生意，可卻有那跟市儈性格相違的海派豪情，這豪情出自一種心軟，而心軟就是精明的宿敵。

我答應接片後，便隨他們往南部鄉下一個小地方拍戲去了。沒錢，住的地方寒酸，天天吃大鍋菜。我年紀輕胃口好，吃雜菜也是吃得起勁，卻沒搞清楚內容究竟是什麼。電影內容我同樣記不清了，只記得戲還沒演到高潮，資金已經燒完了。

這部《碎心花》的結局終究跟片名一樣教人心碎。戲沒能殺青，尾款當然也無力給付。我至少還領了三分之二的酬勞，倒是心疼他兩老把家當全賠上了。也不知他們是不懂得，還是不捨得將片子折價易手，若是脫手，那多少能撈回一點本金啊。

不過，豈止他們，台語片狀況不好的時候，賠錢虧損、跳票跑路的大有人在。我說世事難料，萬萬沒想到，就偏是在我演了《乞丐與藝妲》走紅還不滿一年，台語片頭一回往下坡走去。

剛演主角時，一齣戲酬勞幾千元，大概是三輪車伕月薪的十倍，可這等好事不是天天有。台語片走了下坡，胎死腹中、沒戲可演的窘況層出不窮。今天手頭寬裕些，難保哪天不會突然斷炊，要想法子另覓生財之道。我把好不容易存下的錢借做生意的親友周轉，每個月借個一萬元就能淨賺三百塊利息，兩萬就是六百。當時甜湯只要五毛錢一碗，你看利息多高啊。沒戲拍時，靠這個生活，就能嚐盡甜頭。

除了借貸生息，還有個賺外快的門路，那就是勞軍。

當時有個軍友社專門在接洽勞軍事宜，負責推展敬軍活動，鼓舞三軍士氣，強化軍民合作等各項偉大任務。歌星尤其受歡迎，我們不會唱歌的，只能去湊湊數。那些歌星不像演員跑單幫，很團結講義氣，姐妹之中誰手頭緊了，就相揪來去慰勞慰勞國軍。一次演出費就一百、一百五，不比隨片登台好賺，但也是車伕月薪的一半了，當然不無小補。

說好聽是慰勞國軍，其實還是為了賺點花用，為此我也上金馬前線好幾次。我體質容易暈車暈船暈機，坐上載具，野馬轉眼就成為弱雞，還沒慰勞到弟兄，自己先去了半條命。軍機小，特別晃，靠著窗戶兩排對坐著，老想吐，可總不好吐在對坐的人身上，所以老忍著。無論吐，還是忍，都難熬的很。每次上那軍機，還沒啟動，人已開始不住反胃噁心。

勞軍的活動多半在晚上，一次去待二至三天的也有，自然必須過夜。在金門時，我清楚記得有一次揣拿個鐵盆，出軍營去洗頭淨臉。沒走幾步，突然「嚝」地一聲，一顆砲彈在咫尺之外轟開，聲音動魄，火光驚心，我的心膽和皮肉都嚇得飛跳起來，手上的鐵盆滴溜溜滾得老遠。

一旁有個阿兵哥很沒心肝，見我嚇成那樣，笑到差點岔氣。我沒好氣地轉身想回軍營裡，鐵盆也沒打算撿了。只聽他忙說，小姐小姐別生氣，那砲彈投放的時間地點都有限定，兩邊老早說好的，是演戲而已哪，你就當看了場電影。

這笑得沒心沒肺的是個空軍，我們打老遠來要慰勞的這群弟兄。當年做飛將軍很神氣的，那個制服挺拔，意氣風發。姐妹台上唱完歌，還不能打賞收工，得接著陪這群小伙子們跳交際舞。不知是不是在天上飛過，他們對自己的地位和高度有種自覺，一個個都長了天大的膽子，既敢同你跳舞，也敢積極邀約，見稍有回應就走走咱們看電影去。

面對他們猛烈的攻勢，有的歌星演員就這麼淪陷了，像是歌星紀露霞、演員游娟等好些人都嫁給了飛將軍，軍友社都快成婚友社了。有個好歸宿，再來倒是不必再忙著勞軍，急著賺外快了。我人精明，卻沒懂這道理，他們雖有天大的膽子，我那是心比天高，對他們獻的殷勤全不領情。他們越是貼近，我越想躲，逃兵似的，活像是怕嫁上了，得天天坐軍機。

後來我學聰明了，請排節目的把我登台演唱的順序調到前面，唱完歌，我立馬跟幾個姐妹開溜，往軍營後頭摸黑打四色牌去，這下便不必跳舞服役了。唱歌賺外快，還能兼打「十糊仔」吃對開，好不快活。你瞧，四色牌紙面仿的是象棋，上頭有將士兵卒，有車也有馬，還有大象，沒半個天上飛的來瞎攪和。

## 這電影的女主角不是我，可緋聞女主角卻不是別人

大家老說現在的媒體八卦化，我說八卦是人的天性，自古皆然。當年的影劇記者半路出家當紙上編導者所在多有，這說故事的能力不在話下。有的報導屬實，有的報導荒唐，碰到後者呢，搬張椅子，兜包瓜子，追看好戲便是，沒必要跟他起鬨，費神澄清。

其中一則，是在拍房勉導演的《夜來香》時登出的，當時報上下了個斗大的標題：「技藝果然生活化，演員導演夜來香」。副標還追加「眉來眼去夙已種情苗，忙裏偷閒河東傳怒吼」。內文中說這房勉人平素斯文規矩，怎知行為不檢點，家有嬌妻還頻與演員展開戀愛行為。拍《養女湖》已有前科，緋聞女主角是個叫明格的演員，到《夜來香》時竟斗膽再犯。這電影的女主角不是我，可緋聞女主角卻不是別人。

報導則說白虹我年紀輕，天真，不是情場老將的敵手，輕易便栽在導演手上。又說我和導演怎樣近水樓台，斷定我倆是動了真感情。更寫這事傳到房太太耳裡，她攜了一子一女殺到風城找丈夫算帳，二人大打出手。文末居然寫上好事多磨，未知結局如何，好戲還在後頭。

經這記者一寫，妙筆都生花了，連我這個當事人都急切地想知道結局，但我還真不能知道。先說當年演《養女湖》的明格吧，房勉是他乾爹，自有份際。再說我只是個小配角，拍片時根本沒機會跟導演單獨相處，遑論培養感情。倘若河東獅真殺到風城追打丈夫，那可比戲還精彩，劇組裡怎能沒點風聲？這記者單憑我與房勉在中製廠的前緣就捕風捉影，也是要對他說聲佩服佩服。

還有一個報導我也當笑話看。這是民國四十七年中央日報上的一則消息，標題是「本報讀者泳賽，定廿六日揭幕，三五三人報名參加」。副標題寫的是「白虹與燕燕昨報名參加」。文中說我近期在新片《黑貓與黑狗》裡演的是個野貓一樣的女郎。好像說我野，報名泳賽就順理成章似的。

我性格活潑好動是真，可說起游泳，只跟初中老師學過，還不是跟體育老師學，而是公民老師。這個公民老師叫賴晚鐘，後來做了立法委員。我當時功課好，老師也對我挺好的。他曾帶著我從大稻埕一路騎鐵馬到碧潭課外教學，教的當然不是三民主義，而是划船與游泳初級。

我才剛學會閉氣漂浮就打水直進，豈料瞎游到個水深不見底處，一踏空，差點把小命弄丟。初次學游泳，我學到的都是教訓，游泳程度從此停在初級，更不可能有報名參加泳賽這種不智之舉。不過，這則不實報導或許不能單怪報社空穴來風，想想當初也可能是為戲宣傳，彼此互相幫忙也不一定。

將我這旱鴨寫成個泳將當然荒唐，可報導倒也有寫對的地方。《黑貓與黑狗》一片中，我演的角色確是野貓一樣的女郎。這齣戲詳細情節如何，我記不清了，卻很記得我片中的造型和氣質。原來是拍這片的一年前，台灣上映了一部洋片叫《河孃淚》（La Donna del Fiume），造成不小的轟動。

片中的女主角蘇菲亞．羅蘭，尤其讓人印象深刻，她這個義大利豔星和那些上柔光特寫的好萊塢尤物很不一樣。片中她扮演個魚廠女工，雖為村婦，那氣場卻盛如女王，講話動作性格都摻辣子似的，潑野剽悍，猛快麻利。她不必刻意賣弄性感，只需盤挽個髮髻，蹬跨一條玉腿，擺弄兩下裙裾，就足以讓你盪魂懾魄，如癡如醉。

眼見這洋片如此叫座，洋妞如此帶勁，便有人組織了個新台灣電影公司，以《河孃淚》

的場景和角色為藍本，拍了這部在地版本的《黑貓與黑狗》。除了選我扮演台灣的蘇菲亞・羅蘭，飾演性感的漁村小野貓，電影公司更找來林沖和我湊成對。林沖有荷蘭、日本與台灣血統，混血模樣顯得洋氣，還真和《河孃淚》的男主角有幾分神似。

《黑貓與黑狗》全片都用實景，當時我們先在嘉義朴子住，再到附近一個產鹽的小漁村取景。我演的是在鹽田工作的村婦，林沖則時常出海，因此場景除了鹽田，也拉到海岸。廣告上說這片有男女主角「沙灘上談情說愛情意纏綿情節」，我和林沖兩人確實得學《河孃淚》的男女主角，在那酷暑時節的燒燙沙灘上親熱。

沙灘上的戲翻滾沒完，我還得同其他漁女爭風吃醋，往鹽田裡扭打。我就記得每次在沙灘拍完，回房還得同鹽和沙持續糾結。愛恨情仇下戲就完結了，沙和鹽黏著頭髮肌膚卻很難洗淨，光想到洗頭我就頭大。那是個個都狼狽的很，哪有時間耍弄性感，經營浪漫。

當時的嘉義朴子還沒開發，我們到哪去都搭輕便車。劇組大夥兒一起在窮鄉僻壤，成天灰頭土臉的，喔，是沙頭鹽臉的，卻別有一番野趣。我那是如魚得水了，活像回到跟在大哥後頭，四處蹓躂的野孩子歲月，跟劇組大家玩成一氣，感情特別好。

◎台語片《黑貓與黑狗》

這部片的導演是陳安瀾。我記得他老掛戴副厚重眼鏡，顯得老成，年紀卻沒長我們幾歲。我們都親暱地喚他安瀾安瀾。後來他人到外交部、監察院任機要秘書去了，忙到再沒時間碰上面。攝影則是在台語片界裡有出名的兄弟檔，陳忠義和陳忠信。哥哥忠義瘦些，也靜些；弟弟忠信則胖些，也開朗些。忠義因拍徐守仁導演的台語片《心酸酸》，在首屆台語片影展拿下金馬最佳攝影，此後他從德國進口一部三十五毫米的 Arriflex II A 攝影機。

我們這部「新型台語王牌片」就是用那台新機器拍的。我記得他們兄弟倆默契好，輪流掌鏡或做助理。他們還曾開過寫真館，攝影器材自然也不會少，因此當時也拍了好幾組劇照。我和林沖、飾演我妹的童星曾明美、矮仔財等配角常自導自演給自個兒加戲，玩得很起勁。

或許演的是野貓一樣的女郎，和劇組又玩開了，我人整個潑野了，大膽了，沒禁忌了。雖說自知不諳水性，可這教訓只學了一半，我總算明白水深的危險，卻還沒懂得海湧的無情。在海邊拍戲時，我常催飽油門就閉氣俯衝，把自己整個埋進浪裡。浪捲覆著我盪晃，像在水編的籃裡擺搖，好玩得緊。

那時，我還會從嘉義搭火車到台南，再轉三輪車，一路到台南林沖他們家去蹭飯。林沖的父親林全義是台灣省議會第二屆議員，林家家財萬貫，地方上無人不知，我只消報他父親名字，三輪車就直接拉到他家裡。初識林沖時，我覺得這男生長得真漂亮，心想他怎沒有小生常見的陽剛之氣，原來他跟蔡瑞月等人學舞，身姿動作都有修飾。

不獨我認為林沖漂亮，嘉義朴子當地酒家的酒家女們見林沖俊俏，每天都煮了熱騰騰的花跳魚湯，特別捧來旅館孝敬他。所謂花跳，就是彈塗魚，會從泥巴裡頭「啵」地一下彈跳起來。聽說這種跳跳魚能補補身子，補補氣，林沖都拿來分我吃食，味道頂好的，像鰻魚。

我跟林沖倆還真是黑貓與黑狗，尤其登對的是那個好動和活力。他人渾身是勁，我則常耐不住性子，笑話和鮮事常說講個沒完，拍片空檔就直衝他家去解悶。林沖有兩個妹妹，小妹差我十幾歲，很喜歡我，到他們家時老是跟前跟後的。後來我才知道，小妹這麼緊迫盯人，原來是她肚子裡有個奇怪的盤算。

一天在飯桌上，當著她哥哥的面，這小傢伙終於把盤算從肚裡吐了出來。她問我，你說你願不願意當我大嫂呢？我聽了也沒羞，也沒臊，只說了聲好好好，咱們吃飯。

◎台語片《黑貓與黑狗》

◎台語片《黑貓與黑狗》

# 噓噓聲

房子裡噓噓作響的聲音沒有停過，我用眼神檢查周圍漏風的孔洞，可是沒有哪裡看起來特別可疑。後來，我在三峽北大社區十九樓的一間公寓裡住過，前前後後加起來大概住了兩週。就是在那屋子裡，噓噓聲幾乎一直都在，把我的耳朵吹得像是要長毛，很癢。

屋子的主人是白虹，一位優雅的女士，快要八十歲的優雅女士。她除了顴骨處還有飽滿的頰肉高聳之外，整個人的臉啊手腳啊都很瘦，白色皮膚下透出青綠色浮凸的筋。她總是把頭髮梳得很高，很eighties，為了稍微遮掩眼周疲態，也掛上一副細框老花眼鏡。白虹女士以前演過電影，以台語電影為主，所謂的以前，大概是四、五、六十年前的事情。換句話說，她不演戲很久了。

如今因為白虹要滿八十大壽，也因為我的老師是前國家電影中心執行長，雖然我只曾修過老師的一門電影課，那門課旨在分析侯孝賢的電影，跟台語片沒有什麼關係，但是因此輾轉受她的兒子所託，要為她出一本傳記。可是白虹女士本人不知道這層託雇關係，她以為是老師的主意。

不像其他傳主，白虹女士本人不僅不是委託人，她對出書這事情還不特別在意，或者，也可以說她特別在意。

「你確定要寫我的故事？狗狗你別誤會啊，不是不想給你寫嘿。」她總是叫我狗狗，以示親切，但是她也總是這麼跟我說：「我覺得我的故事沒什麼好說的，就是沒有那種驚天動地的啦。」

第一次為聊傳記的事見面，白虹請老師和我吃台北車站的高級炸蝦飯。看到我來時，她看看我，看看老師，看看炸蝦。「她看起來好小。」她的聲音笑著，可是語氣跟手上拿著炸蝦的筷子一樣，究竟要放下還是就口，有點不太確定，「這麼年輕就寫書喔，真厲害。」

「啊沒有啦，我三十多歲了。」我裝得有點害羞地反駁。當然年紀跟寫書沒有一定的關係，三十多歲沒出書的人類還是佔多數，包括我在內。更何況我根本沒寫過什麼可以看的東西，這本書最後會不會成作，我也壓根兒沒把握。

「看不出來，看起來好小。」我心想長輩只要我們背背包，沒化妝，穿得隨便一點，就覺得是學生，我不必得意，也不必委屈。我也想起出門前，我媽叫我換件衣服，不要穿那條破褲，可是我一如往常沒聽進去。當我低頭把碗裡的一塊天婦羅茄子夾起時，順勢看到褲子上的那個大洞，自己都覺得頗有一種來騙吃騙喝的嫌疑。

一開始，我們彼此還客客氣氣的，我還沒住到三峽，也沒聽到噓噓聲音，我們都是約在外面的咖啡廳。我不會說台語，白虹女士多半配合我說國語，只是偶爾摻著一些台語的語法。聊天過程中，講到要加強說明的時候，她還喜歡說幾句成語，比方像是「驚天動地」，或像是「轟轟烈烈」之類的。

後來為拉近距離，不顧輩份稱謂合不合理，我都叫白虹女士「阿姨」，也不能說沒有討她歡心的成分在裡頭。其實，相對於自己貧瘠的生活經驗，阿姨多數的故事聽起來都真的很驚天動地，轟轟烈烈。

我意識到未來如果出自己的回憶錄一定難看得可以。目前的人生跟自己的關係，就像褲子和上面那個洞的關係，隨著互相摩擦，洞越來越大，直到洞大過褲子，褲子就被洞吞噬了。褲子被吞噬的同時，洞也被自己殲滅了。

至於那謎樣的噓噓聲音，我是到阿姨家才聽見的。新北市果真是非常不自然的想像共同體，阿姨住在三峽，一如我從淡水來到位在中間的北市，都很麻煩。阿姨精力雖然旺盛得很，然而路途遙遠，加上她對於成書，或甚至是對我這穿破褲傢伙的不確定，就共同困難化了訪談這件事。她客氣歸客氣，也不是全無意願配合，但是不想頻繁受訪的心情，不時反應在一些客氣的推諉，拖延的話術之中：

「狗狗，阿姨這禮拜都有事情。不然跟你約下個月好不好。很抱歉喔。」

「要過年了，貨單要來了，要訪要快，不然阿姨就沒時間了喔。」

阿姨如今逢年節就會做一些糕點來賣。貨單往往比想像地快來，然後阿姨就沒時間了。這著實造成我們未來的先禮後兵，推遲跟爭取訪談時間上的暗暗較勁。阿姨目前獨居中，當又過了兩個月後，她說自己眼睛要開刀，可能行動不便，我藉機說不然阿姨我過去住好嗎？我可以幫你煮點東西，提重物打掃，包裝送貨之類的。

現代人的時間很貴重，即使你認識不少無私的人，也很少人在這方面完全不吝嗇。你實在很討厭自己為了爭取時間，做這樣的人情交換。但是時間對你同樣吝嗇，在死線之前，你發現已經沒有時間先搭理自我厭棄的問題。

然而，承諾幫忙阿姨煮東西這件事情，很快地就失信了。第一次留宿的晚上，當阿姨發現，原來這傢伙只會做一些把食材全都丟到鍋子裡煮的湯湯水水，產出一些暗黑料理，她很快就放棄治療，轉身把刀具鍋鏟與食慾全掌握在自己手裡，心裡八成慶幸她的幾個媳婦還算是可造之材。

那晚，阿姨一進廚房就將近五個小時，一點也不誇張。她洗菜會一根一根檢查，切菜時食材的寬窄也有不明文的規定，下鍋起鍋的時間和擺盤都不能馬虎半分。

我被客氣地請到廚房之外，只好開始整理阿姨的照片。她常想著要搬家，所以多數的東西都還在紙箱裡沒有拿出來，沙龍照、底片、劇照、工作照和剪報全都混在一起。有的照片被修剪過，剪成愛心，或者就是順著人形輪廓剪，錯落地散在可以撕貼的相簿上，那狀態很像是我們國中或國小時在畢業紀念冊上幹的事情。多數照片時代錯序，常見小時候的照片黏著為人母時的全家福，電影劇照、證件照跟生活照不分你我地相依。我跟阿姨要了一疊用過的信封，直式、橫式甚至紅包袋都有，開始想辦法從中釐清和分類她人生的階段順序。

就在我把所有照片都攤開，想辦法從尺寸先做最初步的判斷時，那個噓噓聲出現了，然後它就一直在耳邊搔癢，弄得我心神不寧。但當阿姨上菜我們開始吃食，聊天，聲音就消失了。

第一次在阿姨家住了兩天，陸續吃了海鮮芋頭稀飯，摻混了現炸油蔥的滷肉飯，奶油焗白菜等等，每一道都不是什麼大菜，可是處理得都十分講究，用料實在。我的騙吃騙喝開始不像是有嫌疑而已，簡直有詐欺和預謀的成分。我趕快把大量地罪惡感轉換成微量的專業感，將照片大概順出個理路，全部先翻拍一輪，然後把實體收攏在大大小小的信封裡，信封上面用鉛筆註記著時代和類別。

就這樣，每次吃飽喝足洗完碗，就是心無旁騖的聊天時間，我們從童年談起。阿姨聊童年就像聊食物時那樣開心單純，你便明白跟別人聊童年時，常事發在你們關係的蜜月期。日後我把這段和她童年的相遇寫下。

回去之前，我開口問了那個噓噓聲的來歷，「喔，那個啊，我在練習吹口哨。」阿姨的表情很孩子氣，「我覺得吹口哨很好玩，好像有練出一點聲音了齁？」我笑著回答她，對啊，很好玩。但我始終不敢提起勇氣跟她說，其實我還真沒聽見氣音之外的其他聲音。

# 逐波

妖姬●特務●梅花鹿——白虹的影海人生

第四章

# 寶島姑娘偷渡到香港

**依稀記得我邊吐，他們邊忙把我推塞進船艙裡**

母親的腳步在岸上快起來，腕部也快起來，把手掌飛亂成一塊小幟。這端還不及揮動旗語相應，船身突然一個踉蹌，把眼前晃成一片花黑，再會的字幕還沒上全，先給吐成了語意不明的濃濁物。

民國四十七年的尾巴，我剛滿十九，未足廿歲便離家放洋了。此前我已演過八、九部片，好不容易走紅了，台語片的氣勢卻反道而行，偏要走弱。可天無絕人之路，我顯然還有些偏運能用用，主要老天爺還肯賞口飯吃。

在離家前除了演《黑貓與黑狗》，其實還有一部《寶島姑娘》。這片的演員嘛，不用說，非得有來自寶島的嬌俏姑娘才行，電影公司便找上白蘭、陳茵還有我，再搭上三個台灣小伙子，石軍、鄭良和戽斗。電影主要在植物園內的台灣省政府新聞處電影製片廠，簡稱台製廠拍攝，另也有廠外騎腳踏車三男三女追鬧的場景。你一聽便不難明白，這是部青春愛情時裝喜劇片，有那麼點日片《青色山脈》的味道。

除了演員來自寶島，導演陳煥文卻是香港人，出資者和發行商則來自新加坡，賣埠不僅在台灣，還有星島與菲律賓呢。欸，這不是國際合製，什麼才是國際合製？你瞧，這片多大陣仗，單主演的男女演員就能是一般電影的三倍，片酬當然也是三倍，導演還跨洋請來。台語片雖然在我走紅不久後開始走下坡了，可還有人有能耐顛倒把排場擺闊。

你道這是為何呢？原來台灣話為閩南語漳泉片之變體，台語腔調和廈門話親近。台語片這會兒不受自家歡迎，沒要緊，還有散落又群聚於南洋各地的眾唐山公嬤，他們可等著聽聽姑娘悅耳的鄉音，解解鄉愁呢。

新加坡、菲律賓等地的大老闆眼明手快，見這鄉愁可轉化成廣大商機，紛紛出手了。他們腦筋也真靈光，找來會說閩南話的演員後，便將電影委由有亞洲好萊塢之稱的香港攝製，壓低成本，製成的廈語片既能銷返國內，也可輸出給鄰居。

台灣開始自製台語片的時間實晚於廈語片。台語片出現後，產業不特別健全，屬手工業、拼裝車等級，可演員人才嘛，幾年內也總算給養成了一些。觀眾喜新厭舊，南洋大老闆當然樂得網羅這群自主養成的寶島生力軍，給大夥兒換點菜色嚐鮮。

寶島姑娘跨洋去演廈語片，我算挺早的，但仍只能說是第二代。這打頭陣的不是別人，正是我的宿敵，《瘋女十八年》的小艷秋。她一年前便率先和香港閩聲影業簽約，去港與女星江帆等人演了《亂世姐妹花》等廈語片，隔年又和僑聯影業合作再拍了幾部。我拍《寶島姑娘》時，適逢廈語片轉型時期，從早年配上南管的古裝片，進入時裝歌舞或時裝喜劇片為主流的階段。我的潑野、妖豔以及花樣年紀，剛好都能派上用場。

要把演員輸出到港，台灣方面也得有接應窗口，此際就非得介紹一位關鍵人物出場了。此人就是台灣大同影業的老闆鄭景文的太太，我們都管她叫鄭太。這鄭太真正是個能幹女人，大同影業公司拍片的各項庶務和製片工作都由她一手包辦。她找上門來，邀我直接殺去香港拍片，還不肯走一般般的路子，那是動了找張長期飯票的打算。

這些拍攝廈語片的公司小，沒能像香港邵氏幫我們弄來身分證，單單為工作，那居留時間自然不能太長。可這鄭太有門路，更主要是有膽識，她打點來一艘往返港台的漁船，把我推了上去。原來她打的主意，叫偷渡。

不過，只一個女人有膽試，那還不能成事，算算這類女人還得湊足三個才行。第一個是鄭太，第二個是我，第三個便是我媽。鄭太來問我赴港意願，表明了是偷渡，等於開宗明義邀我上條賊船。我想想台語片近期大顯疲態，我呢也不是天天可去誰家蹭飯，便說了聲好，再回頭去問我媽。我說，媽，我要去香港拍戲，我媽便應，我送你去高雄。事情便成了。

於是依約來到高雄的港岸，漁船來了，只見整條船上竟無一女子，換句話說，全是男人。原來鄭太已先赴港預做些安排，只我一人得完成這偷渡大計。我和母親看了看情勢，居然沒察覺不對勁，除了話別也沒第二句，我便跳上船去。你瞧，我這教訓又只學了一半，那便是我知道自己會暈機，卻還不知道自己也能暈船，還暈得尤其厲害。船方駛離了港岸，我媽還在岸邊走呢，我已經開始吐了。

這行船共計三天兩夜，我的世界也晃了三天兩夜，人更吐了三天兩夜。當時的我憨膽，知道我那是在扛苦，卻不知道是在苦啥，我吐到膽汁都出來，才知道膽汁也是苦的。船員人還算好，老叫我吃點東西，我把食物瞧了兩眼，直想作嘔。逢要海上臨檢，我還依稀記得我邊吐，他們邊忙把我推塞進船艙裡。我記得我不想吃，也不想躲，只想上岸回家。

終於上岸了，可當然不是回家。只見鄭太人在香港的岸上把我領走，邊走，又邊跟我說了個她編的故事。故事不是特別動聽，但是等會兒到了移民局，我得原話照說給那兒的人聽。她要我說自己是廈門人，來自哪個縣市，又交代了些細節。我人雖懨懨乏力，不知怎地還是通通背了起來。

到了移民局，我發揮演員本色照本來過。怎知對方卻沒打算和我對戲，天外飛來台詞一段，他說：「你廈門人是吧？說說你住的哪條街？路怎麼走的？」鄭太料事如神，可劇本當真沒寫上這段，當場把我嚇出了一身冷汗。我只好把慘字塗寫臉上，把膽汁的苦液化作滿腔悲情。唉，記不住了，我說，我從小身體就壞，這會兒又在犯病，真記不住了。

移民局的人聞言，拿眼睛瞅了我那要死不活的模樣幾眼，發給我一張身分證，讓我走了。這世間事就是這麼荒謬，你千萬料想不到我吐了三天兩夜，給自己換來一張肌瘦面黃的尊容，這尊容竟顛倒成了自個兒的救命符，這救命符還能換來張身分證。

如今想來，或許是時逢中國大躍進引發大饑荒時期，許多廣東農民為求生逃港，廣東地方政府予以默許之故。如今我還有張香港身分證，那張證，除了證明我有香港永久居民的身分，還證明我曾經試圖用我的膽，用我的命，換來一條事業的出路。

**你瞧這大夥兒通通都來了，還全擠在這加連威老道上**

剛去香港時，只有我和鄭太兩個，住在尖沙咀一條名為加連威老道的街上，地址是廿四號B棟，位於四樓的一間小房裡。跟如今已六十餘年老字號的龍城大藥房，其實就隔了棟屋子而已。要你隻身偷渡去港演戲，若說公司還有人道之處，便是至少幫你包全了當地的食宿。當時租的屋子形狀狹長，給隔斷成三間，一間住房東，上海人，另一間是一對來自廣東的姐妹，我和鄭太一間。

三間房，三種方言，只聽得各自房裡吱哩咕嚕，嘰哩哇啦，彼此瞎聽矇懂，只能解個三成。住沒多久，我鸚鵡學舌，已能胡謅上海話幾句，儂好、幾鈿？我勿曉得。廣東姐妹倆也教我幾句實用粵語，冲凉、仆街、要唔要飯？

來到香港，活像進了大觀園。我們住的尖沙咀那更是頂熱鬧的地方，大小街巷招牌林立，藥房茶樓酒店南北貨都有，顯洋氣的、裝海派的俱在，紅紅綠綠。整條街上每個店家播送的歌曲，清一色出自廣東大戲。當時粵劇，也就是廣東大戲，不僅在戲院或戲棚裡上演，那是同平劇，也和我們的歌仔戲一樣的，都年輕商品綜藝化了，上得大銀幕排排院線，更灌進唱片天天輪播。

這一排，又一輪，幾大名伶可更是紅透半邊天。除了「花旦王」芳艷芬人稱如「一杯茶」入喉，冷澀幽咽的芳腔，還聽得那任劍輝演小生的平喉，襯上白雪仙飾旦角的子喉，聞見那鑼鼓梆板絲竹作響，聆取《帝女花》、《蝶影紅梨記》、《再世紅梅記》等任白搭檔的經典唱段。如此這般日日夜夜，耳目充實，幾近超載，你便不能不時時刻刻意識到自己身在異地。

初到香港時，電影尚在籌劃階段，還沒戲可演，人生地不熟的，也不曉得能上哪兒野去。鄭太不時去朋友家裡搓打麻將，把三缺一湊齊補滿，便順道把我帶上。那時我也不懂怎麼吃胡摸槓，只能坐在後邊外圍，眼見他們手裡摸牌，嘴上也鬥得厲害。可我的粵語破，術語不識得，光看他們開心，我還真是無聊得緊。

沒來多久就給悶壞了可不成，只得自己在住處周圍稍微踅晃一番。我就記得頭一回出門逛街，還揣帶上紙筆，把路過的店家轉角，往左或向右，一一給註記下來，再循原路顛倒回去。後來稍有點經驗，能拐來繞去了，其實也只是兜繞個小圈，沒敢走遠。一會兒在平行的金巴利道上蹓躂，一會兒在垂直的加拿分道上踩踏，至多再越界一點，往彌敦道、漆咸道南上走去。可還沒在那大街上邁開幾步，我就斂住了蹄子，趕在迷途前便知返了。

香港這大觀園當真是消費聖地，什麼東西都有，這些東西還真打東方和西方來的，樣樣都能齊全。我特別能走，自是樣樣不願錯過。我貪吃食，首先開攻零嘴甜品，更別忘了我嗜奶如命，尤其太妃酥糖，牛奶軟糖，凡有摻奶水煉乳的，吃到嘴裡都驚為天人，通通得吃盡。

我愛吃，也愛漂亮。加連威老道上有間沙龍攝像館，馳名全港，香江明星都在那兒拍照寫真。要做個明星，我自然得去那裡拍上個幾組才算數，拍戲空檔也得處消磨時間。一拍，那是幾乎成癮了。我將頭髮或盤挽著或垂散著，甚至罩蓋頂假髮。我將臉正過側過低過仰過，交代過各種角度。我將頂上脖頸耳垂各處掛戴上舶來飾品，有貝雷帽、蕾絲髮箍和大圓耳環。至於衣服那更不用說了，我將各種低胸高領、毛呢綢緞都穿套過，也為小露香肩又輕解褪下過。

我終於明白李麗華、尤敏周身怎能老兜籠著仙氣。有段時間，相館前還放上我的照片做廣告。經過瞧看那照片，我很滿意，滿意自個兒也給噴罩上一層明星專屬的輕柔紗霧。

鄭景文跟鄭太開的大同公司，在香港改稱三友公司。鄭太是能幹女人，三友公司的事都由鄭太獨自打理。其實鄭太不只簽我一人，還找來另外兩個明星，其中一個是白漪。起初我不知道鄭太為何找她，白漪是跳舞出名的，跳的是Rock' n' Roll，行止舞蹈很洋派，樣貌也相當潮氣，可我卻未曾見過她的電影作品。另一個呢，是我給鄭太介紹的，便是林沖。

白漪和林沖他倆在我之後才到港，卻不是偷渡來的，只我一人上了賊船，走了險途。不知是否鄭太也給移民局的盤查嚇壞了，再沒敢隨意編講故事給誰傳說。他們來後，我同白漪兩人睡一張雙人床，鄭太自己一張，小間房給林沖住。

這加連威老道上，還不獨這三友公司的三人，熱鬧的還在後頭呢。在我之後，我在南洋影業結識的好友洪明麗，因演出《基隆七號房慘案》獲第一屆台語片金馬獎最佳女配角獎後，星運大展，從台灣紅到香港，而我那甜美可人的初中同班同學游娟在演了《紅塵三女郎》後，成了台語片圈的紅星，也被邵氏看中來到香港。這對街上還來了剛嶄露頭角沒多久的夏琴心、江茵等人，附近更有男演員藍天虹與羅蘋。你瞧這大夥兒通通都來了，還全擠在這加連威老道上，活像在香港開同學會，辦台語片群星會似的。

大家的默契其實來自台語片走弱，只好南進以求生存，另一方面也是到亞洲好萊塢闖蕩走跳，見見世面。廈語片賣埠比台語片要寬廣，台菲星馬地區是大宗，印尼越南泰國緬甸等地也有零星客群。片子水準呢還在其次，主要便是言語親切，公婆小兒尤喜。立體闊銀幕彩屏很高尚，可內容看不懂，即使端面前的是國宴，還是食之無味，遠不如家鄉小菜討喜。這國際售座既佳，只要敢投資，幾乎鐵定回本，片酬自然不低。我們當時台語片領個台幣兩千的主演片酬，廈語片一部能幫你換算成港幣兩千，要知道當時的滙率可還不止四倍。

大夥兒在我之後接二連三都來了，而我這初來乍到還只敢在小圈內打轉的劉姥姥，居然轉眼間成了個香港通。姐妹如洪明麗、夏琴心、江茵、游娟等紛紛找上門來，拉扯著我的衣袖，嗔說：「白虹白虹，帶我們去逛街、做衣服嘛。」瞧她們那隨處走晃，左右打量的熱頭和興致，我看見的，簡直是個把月前初進大觀園的自己。

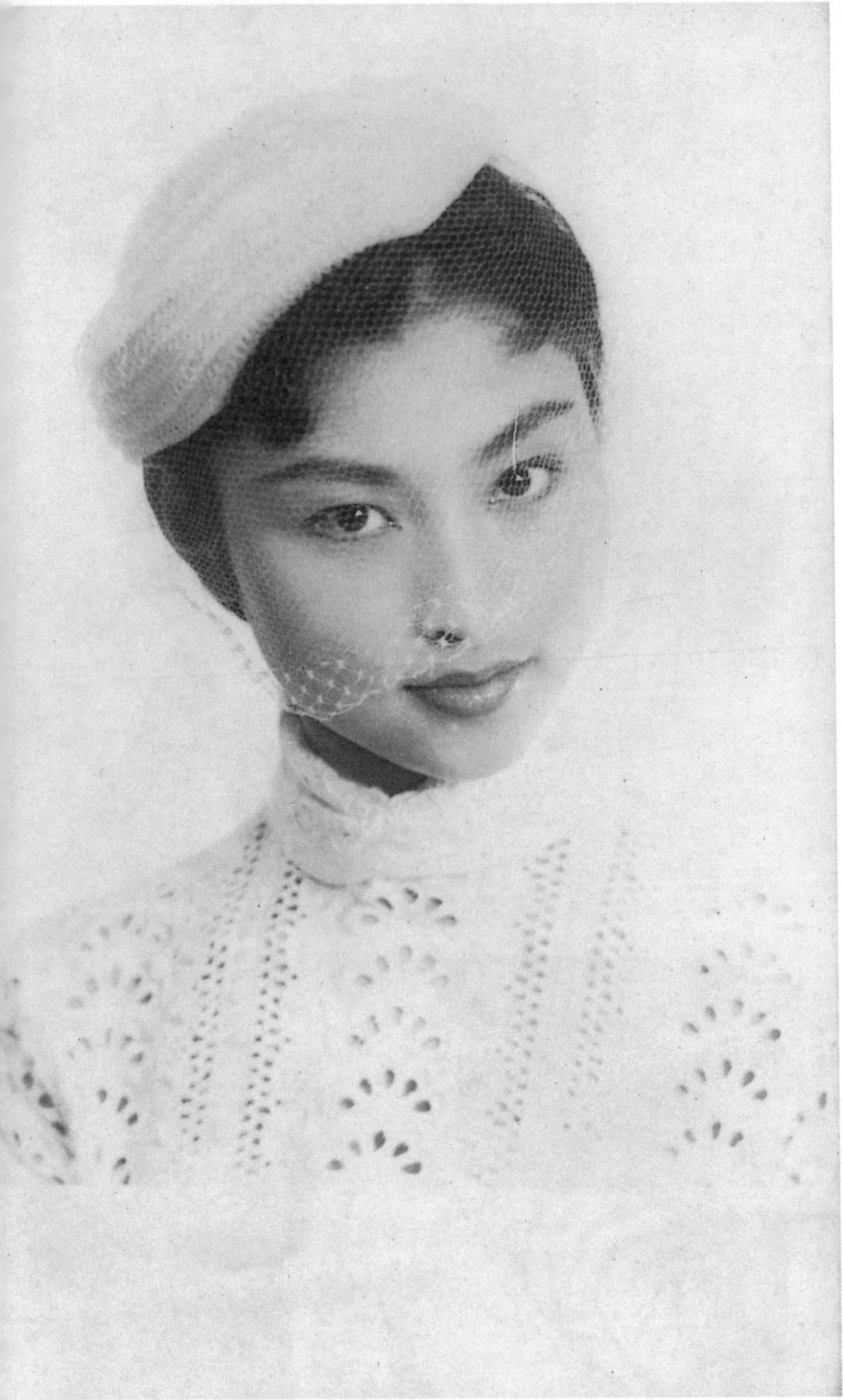

第五章

# 歌場妖姬廈語片趕場去

## 穿著那身妖姬造型的衣服，吊掛在盤絲洞上跳舞

沒來香港的十九歲前，我看過不少廈語片，尤其在還沒有台語片的年代，廈語片明星算是挺知名的。我當時尤其常看江帆、小雯，還有小娟主演的片。這個小娟就是後來飾演《梁山伯與祝英台》的俊美小生，在台灣造成「瘋人城」現象的凌波。

反倒是來香港後，那是一部廈語片都沒得見，連自己演的片都沒看成半部。想來還真荒唐，香港是產製廈語片的工廠，可自家市場上卻不買單，主要是這兒沒說閩南語的消費

族群。更絕的是，連拍廈語片的導演都不說閩南語，頭兩部我演的廈語片就是這樣，兩個導演都來自滬上，操的是上海口音。

這第一部廈語片是《歌場妖姬》，由我和在加連威老道同床共枕的白漪小姐合演，是齣時裝歌舞片。導演是徐欣夫，該算是江蘇人，可他實是於上海讀書、發跡，當年拍了不少抗戰片。我記得他老梳個時髦的油頭，對人挺有一套，很受演員喜歡，後來演出郭南宏導演《女王蜂》而被捧紅的台灣女星夏琴心還拜他做乾爹呢。徐欣夫不僅來港，他和台灣也有些淵源，曾隨上海國泰影業公司來台為戲場勘，更在民國三十七年自組了萬象電影公司，擔任台灣首部國語片《阿里山風雲》的製片。這部片的導演是張英，編劇是張徹。

當年我仍是有戲來了就拍，沒挑戲能耐。更何況那合約一簽，就是十部片，什麼都得演，你要是有二話，會累了公司，吃上官司的。到了現場，領了劇本，才知道這頭一部要拍的，原來是部歌舞片。我可沒演過歌舞片，更何況這還不是普通的歌舞片。我領了件戲服，一攤開便驚奇，這布的用料之減省，全身遮蓋面積和胴體外露比例對半，連身平口泳衣造型。雖說在台灣我也曾身著泳衣拍過黑松汽水的廣告，為的是標明飲料的清涼，但在大銀幕上暴露還是頭一遭。

不過這戲服一攤平，我便懂得鄭太找上白漪的用心。她在戲裡演的是劇團的台柱安娜，擅跳肉感歌舞吸睛。片裡她工作態度散漫，寧花時間交際也不綵排，劇團遂起了換角念頭，想換上的就是名為顏如玉，勤勉上進的我。戲裡安娜找來流氓在演出前將我擄走，幸警方即時趕至，我仍登台作秀獲得滿堂彩。

說起來，這戲我沒能看見倒還舒坦些。有幾場戲我記得，穿著那身妖姬造型的衣服，吊掛在盤絲洞上跳舞，電影公司也沒請舞蹈老師指導，身子給固定在蛛網上，只雙手胡亂比劃，現在倘使看了，我定犯雞皮疙瘩。可奇的是這片邵氏看了卻很滿意，買下拷貝片，為加強宣傳還計劃將我與白漪送到星馬登台，提升號召力。

《歌場妖姬》拍完，下一部廈語片中的裝束造型，動作舉止，時代背景全變了。洋派的妖姬搔首弄姿完沒多久，為演《楊乃武與小白菜》，我的頭上則長出個滿族的大拉翅，上頭再綴點些花飾；腳下蹬踩雙旗鞋，大夥兒管它叫花盆鞋；鞋底中央安上個木塊，讓我真生了對蹄子。可長了蹄子人卻不能野，你得慢慢走，慢慢走，那味道才能晃悠出來。

我拍這部片時，模樣風韻身姿全轉變了。跟我對上戲飾演楊乃武的，是個女人，叫鷺芬，她是廈語片女星鷺紅的姐姐。導演畢虎和徐欣夫導演同樣來自上海，梳個西裝頭，人很年輕帥氣，商業頭腦也有。他戰前來港就拍了許多粵語片，後來和菲律賓老闆見有市場，組織新光影業，集資拍攝首部廈語片《相逢恨晚》，鷺紅就是他們從廈門找來的，她廈門小姐的身分，還有脫穎而出的演技與明星魅力，讓拍廈語片一夕間成了熱門生意。

演《楊乃武與小白菜》這戲，不獨頂上腳下費勁，歌唱對嘴也有些難度。這片典故出自清末四大奇案，我飾演的小白菜畢蘭英已嫁做人婦，卻和醫生楊乃武暗生情愫。片中有場戲，是楊乃武到我家中看病，得吐舌給他檢查身體。可問題是那舌頭戲份不輕，得伸得害臊，還得伸得體面，真把我給難倒了。下戲後好一陣子，我沒事還常對鏡自攬，拿捏那舌頭伸縮的分際。

這戲後來二人雖忍痛斬斷情絲，卻遭奸人構陷有姦淫與謀殺原配的罪行。這案子不知為何蒙慈禧太后關心，我被她召了去，太后命我抬頭給看看。這一看，竟不是明察案情，卻是見這廂姿色不俗，在手上立馬給寫了個「赦」字，就此獲判無罪了，果真是奇案一樁哪。

這戲得慢慢走，慢慢搖，自然不能拍得太快。我記得戲演到一半，還曾去軋過別的戲。拍廈語片和台語片不大一樣，台灣多用實景拍攝，常借民宅，那邊則幾乎全是片廠棚內搭景。你到場了，那盤絲洞，那含冤莫雪、屈打成招的刑具已在廠內備好等你。

雖說衣服造型跟台灣一樣，除了特殊造型外，時裝仍得自己埋單帶去。可到了現場，妝髮有專人為你打理，不像在台灣常得自己花錢梳頭。不僅如此，飾演主角的還有特別待遇：現場為你配搭上個中年婦人，伺候一些便當茶水一類的瑣細，每部片的助理都不一樣。

廈語片多半也不是什麼大成本、大製作，可採的是粵語片的製片規格，用的是國語片的拍片邏輯，仍是有個制度與整體的規畫。廈語片像是外聘來上海或香港的大廚，在香港的中央廚房研製廈門的沙茶麵，再外銷到南洋各地去。我們台灣的拍片環境則像地方小生意，雖說香港拍出來的也是家常通俗口味，跟我們的陽春麵比，那畢竟還是不一樣的。

## 反正上了車就昏睡，現場也像是夢境

我遠嫁到香港來之後，父母還是頭一次來探訪我。他倆來，我本該歡喜，可卻掛心得很。我爸瘦削的臉頰上兩撇八字鬍，我媽身子肥大粗短，光這兩傻並肩走在路上，畫面就有諧趣，人家便要笑話。

擔心他倆給人笑話沒用，我這會兒還有別的事要操煩。我乘車趕到香港海邊，同另兩個夥伴在那兒埋起鈔票來。我等埋的可不是小數目，是鉅額贓款一筆，足足有二十萬美元哪，那是剛剛發了橫財。

鈔票好不容易埋完，當真累得緊，我才打了個小盹兒。驚醒後，又開始擔心我家那兩老。你不知道他們那是一旦吭聲說話，土氣便會洩底的，土不打緊，還專給我鬧笑話。這兩夥兒不夠，這次來，聽說偏巧又碰上那個叫小陳的叔叔，這叔叔專愛慫恿他倆幹些瞎事，哎呀，真夠我煩心的了。

過了半晌，沒他倆消息，我又改憂心那剛剛埋好的鉅款，你說，我這是不是勞碌命？方才三人雖發了鐵誓，說不洩漏天機，更講定平分款項，可這另外兩個飛女能幹出這等髒事，如今怎敢打包票她們不會再犯，又況我也早和相好的說了這事。於是決定跟監她倆，看那二廝可曾打那私呑的主意。不查則已，一看，乖乖不得了，那灘上鉅款竟不翼而飛。

我正焦頭爛額，欲找兩人議論，卻有一輛飛車殺來，要我預先處理我爹生惹的事端。原來那小陳叔叔拉了爹爹在舞廳尋歡，搞得雞飛狗跳，非要我和丈夫出面，才好不容易調停。

我給這好些事折騰地疲憊不堪，當場昏睡在車裡。然後驅車趕回沙灘現場，方知贓款已被一泳客盜走，他替死落網，鈔票歸原主，發財美夢轉眼成為泡影。

上頭說的實是《歌場妖姬》與《楊乃武與小白菜》拍完後，我又接下兩齣戲的內容，這兩齣廈語片名為《王先生到香港探親》和《鈔票滿天飛》。

前一個呢，是改編自上海漫畫家葉淺予在周刊連載，很受歡迎的長篇漫畫《王先生》系列。這系列電影中的王先生，皆由擅演老角的王清河主演，花碧霞搭檔演出王太太，來港探訪同鄉的小陳則由胡同所飾。這幫人俱是廈語片的老班底，片中我則飾演王先生時髦的女兒玉貞。

《鈔票滿天飛》也是部時裝喜劇片，我和小雯、呂紅三人飾演香港的飛女，意外收穫一筆富商被劫走的鉅款，這不義之財最後不翼而飛。對於我等而言這是悲劇，但觀眾看來便是喜劇。所謂飛女就是小太妹，小太妹們在片中還得載歌載舞，熱跳恰恰呢。我三飛女搭上三飛男，其中自然不能少了廈語片十部有九部掛名主演的當家小生黃英，又有方才的王先生清河來湊戲。

我來香港第二年，廈語片產量達到巔峰。單單這一年，就搶拍了六、七十部之多。原來我演個小白菜，還能悠走慢晃，現在一部片七到十天就得殺青，這速率短短幾個月之間，已不可同日而語。

我常白天拍《王先生》裡的靚女，晚上通宵演《鈔票》中的飛女，兩部片由不同電影公司製作，片廠位置也不同。預先談定的片有優先順位，敲好幾點演到幾點，後來的片呢，就靠劇務把剩下的時間塞滿。

預定時間到了，另個公司就飛車來接，有時兩部片之間還得軋上先前沒拍完的《小白菜》。這天天一趕二、二趕三檔戲，幾乎沒有睡覺時間，除了晨昏，內容都要錯亂。只是我年紀尚輕，還能這樣玩命，反正上了車就昏睡。拍片現場也像是夢境，夢遊走位，發些囈語，或埋鈔票，或喊冤情，或為王先生王太太憂心。

你也別怨我有些片子內容記不清了。當時上了車，頭一件事你就得趕緊補眠，再入戲也要想法子撇清忘卻，否則下一部來的時候，上齣戲的冤魂糾纏不清，睡意纏綿，導演觀眾可要喊卡退票的。

除了車上，後來還有個方法能快速補眠。這得先說到演小陳的胡同，他是廈語片當中的鬼才人物，除了老飾演這王先生的好友，也專扮些輕浮好色的男人，正反派他都可以。此人一出場渾身戲味不說，許多廈語片中頗能傳唱的詞曲，還都是由他編寫的。

胡同人長得不特別俊，可是老天爺公平，他才氣高。外傳他好女色，女人也領情。他在廈門已有個原配，到香港娶了小雯；後來我市立女中的同學王瑪莉，不知怎的竟也被他娶上了。瑪莉原來在台灣就做歌手，來香港後演戲，也做幕後配唱。畢業後我早沒她的下落音訊，居然這會兒和他夫婦倆在香港一起演廈語片，還是朝朝夕夕，昏天暗地的演廈語片。

和這夫婦倆演的多是喜劇，其中一部叫做《蜈蚣蛤仔蛇》。閩南語當中常講「蜈蚣蛤仔蛇三不服」，蜈蚣怕田蛤仔，田蛤仔就是田蛙，若給田蛙的尿噴濺到，蜈蚣的節足就會脫落；田蛙則最驚蛇吞食，蛇又怕蜈蚣毒螫亂刺。此三種有毒蟲蛇彼此相剋，卻得同處在一片土地上，彼此同居，時刻提防。這部片的片名呼應題旨，講的是香港一棟樓裡住著群窮人。我和瑪莉姐妹花住在這廂，我刁蠻，她搗蛋；黃英演的喇叭手和王清河扮的潦倒相士則住在那廂。兩對青年男女相看兩厭，爭執不休，彼此成了歡喜冤家，鎮日互潑盆水、對扯衫褲。把香港生活空間窄仄，外來在地小人物群居之甘苦，全搬鬧上大銀幕。

另一部則是《兩傻艷福》。片中我又和胡同瑪莉這對夫妻檔同台。胡同演王哥，清河扮柳哥，這對活寶演漫畫丑角外，還常化作廈語片版本的勞萊與哈台，繼續聯手鬧場，迭出笑料。此片王哥柳哥兩人戲份重，扛下逗惹觀眾的重擔。我和瑪莉兩朵紅花，自也得跟著冒失傻氣，阿花三八一番，才好烘托陪襯這兩片綠葉。

這些戲節奏輕快，戲外為了趕場，胡同和瑪莉他倆的家就購置在香港的大觀片廠邊上。那是打家後門出來，就能直接走進片廠，可要比先前我家後頭有山坡，或有座廟的格局還要便利。瑪莉和我片裡演的是姐妹，片外也親熱熟絡起來。我趕戲時，常往她家裡去住。瑪莉見我來，就指著家裡的書房跟胡同說，走走走，你那裡睡去。我便得了便宜，同她睡主臥室，可以睡得香甜些。

睡醒了，便走進後門入片廠，插科打諢，吹鬍瞪眼，發癲完了，再回頭栽倒又睡。廈語片時代的趕場人生，著實是段醒睡之間，大夢一樣，鬧劇一般的歲月。

**這畢竟不是電影，不是導演喊卡了就能下戲**

當戲子是這樣，有戲拍你趕忙，沒戲演你慌張，不是勞力就得勞心，無一寧日。

◎廈語片《歌場妖姬》

待到無戲可演的空檔，為緩解斷炊焦慮，鄭太自有安排。你道我不是簽了十部片的合同？那是和三友簽的賣身契，可片子卻不見得如願滿檔。你自個兒得爭氣，不紅了就沒戲唱，誰都幫不了你。廈語片還有個特殊的玩法，首先得賣出片花，這片花內容包括電影本事和演員清冊。片商看花看出興趣，出手了，製片公司收下訂金。有了頭寸，開鏡酒才能喝下去。

想喝成這開鏡酒呢，可不容易。片商除了看看片花，還有別的事物要打量。我們無事忙的夜裡也活像在拍電影，得跟南洋大老闆應酬做戲。那本事說來千篇一律，可也是高潮迭起。

某天夜晚，紅綠招牌一一點亮，尖沙咀來了台黑轎車，車子停在加連威老道上。司機摁按喇叭，嗚響兩聲，作急催狀。我同鄭太打四樓下來，我腳上蹬踩三吋高跟，旗袍前後雙片勻貼著胸背，衣長及膝，旁側開了高衩，腳帶著身子進到轎車裡。

黑轎車停了，司機來開門，兩條腿又搶先跨行，把整個人順勢提拎出了車外。一出來，只見眼前浮起一座樓，牌上寫著「百樂門」，樓的周身全纏繞著霓虹燈管。這閃亮的樓把夜給襯得漆黑了，凸顯自己成一座浮華的蜃景，城市的綠洲。

只見更多台車湊將過來，裡頭出來的全是我的姊妹淘：夏琴心、江茵、洪明麗、游娟，紛紛都被自己的腿給拎來了。大夥兒親熱地手挽手，一逕往樓裡去，向光裡走。走進去撲面就是一陣寒氣，天鵝絨布幔、水晶燈具和器皿連同冷氣迎面而來，就這麼把南島的緯度和格調都給拉高了。只見別人雙雙對對滑入中央圓形舞池，貼著身子搖擺，我們則往各自從屬的圓桌，也就是各家老闆招手的位置分頭帶開。

林沖、白漪已就座，鄭太也是，這天我等陪笑的對象呢，是個新加坡片商。此人約莫三、四十歲，是個移民星洲的泉州人，講的閩南語是廈門口音。他年紀不大頂上卻已微禿，眉頭時刻鎖著，語速特急，脾氣看上去不十分好。單見桌菜排場，便可知人闊氣，而闊氣的前提嘛，是多金。

這一桌多是廣東料理和潮州菜，蜇皮叉燒烏參鳳爪等拼成冷盤，再有蒸蝦和掛爐片鴨紅著面皮，鮑魚和魚翅都很齊全，流沙包與馬來糕一旁等著，準備做個黃澄澄的收尾。我貪吃食，可不大會交際，從來不知道該送上什麼言語給片商喜歡。但老悶著頭吃，其實也很難吃得起勁。

所幸席間有歌手演唱，不用怕冷場。我最愛聽素有香港甜心盛名的江玲唱歌，她多半唱洋歌，慢歌自是唱得好，恰恰、扭扭舞或曼波各類舞曲演繹得同樣靈動輕快。她的國語、英文、廣東話都順溜，尾音跟著上勾時，全沒綻破痕跡。這收斂和外放的拿捏，那是恰到中西合璧的好處，既不洋腔怪調，也不唐突老氣。

我們幾個年輕男女吃食一陣，聽到快歌節奏，都按捺不住了，全跳進池裡踢踩流行舞步。我們把香港時興的却却舞跳成鬪雞舞，雙對開翅互啄，瘋傻得很盡興。邊跳，幾個姐妹邊貧嘴，互相問說，欸，你今天那個頂上發不發亮？你那顆又是幾燭光的？再哄笑成一堆。

一會兒切到慢歌，只見鄭太在桌邊喊我一聲，朝我招招手。我玩得正開心，哪情願回去，可轉頭看見林沖和夏琴心已湊成對，跳在一起，便朝鄭太高聲答應：「來了。」

「給何先生敬酒。」鄭太說。只見那同桌的新加坡富商朝我把酒杯高高提起，我也拿起酒杯，於此同時我已把茶杯找好，要是對方灌酒，我嘴裡含一會兒，等等就能往茶杯裡吐。然而先生只說聲隨意，我便稍微喝一點，不必吐。

酒敬過，先生便不斷朝我發動些問題，我一一答過。他有幾分醉意，又問我何時能再約單獨吃飯。見我面有難色，答句梗在喉裡，鄭太一旁幫腔把話接實：「何老闆要請你吃飯，還不快叫聲乾爹。」又轉頭跟何先生堆著笑，說：「何先生，您這麼喜歡我們白虹，我讓他給您做乾女兒。」鄭太又催我為何先生斟酒，「快快快，再跟乾爹喝一杯。」

你道這夜夜笙歌，上夜總會應酬只是逢場作戲，可這畢竟不是電影，不是導演喊卡了就能下戲。當時許多台灣或廈語片女星，就這麼嫁給了這些南洋大老闆。陳茵、張敏和凌波的第一任老公都是菲律賓華僑。這位新加坡的何先生呢，一共就有五個老婆，其中一個是廈語片的明星江帆。他成了我的乾爹，江帆就成了我的乾媽。

你瞧，這鄭太是多能幹的女人！觥籌交錯間，既讓我免去成為小姨子的困擾，又在廈語片圈子裡多了兩個前輩的關照。這場戲結束，我和何先生的緣分卻未完結，他竟沒把這事當作兒戲。這何先生呢，原來不只是電影本事裡頭一個財大氣粗的老闆典型，他也有名字的，叫何瑤煌。

在香港拍戲時，我曾因公司短期內周轉不靈發不出薪水，連買張郵票寄信回家的錢都沒有。他聞言，人雖不在香港，仍委託哥哥親自送錢到加連威老道。何先生這是認真地做起了我的乾爹。他平時很省，可只要我人到香港，每次都請我吃魚翅和鮑魚。後來我身子虛，他剛好在做北韓人蔘總代理，有門道，替我買了補氣補身體。他脾氣大，凡事看不順眼，可從沒對我動過火氣。

乾爹講派頭，也講感情。別看他富甲一方，原來可是出身貧寒，更於七歲失怙，年紀輕輕就赴海外打拼。一九五〇年代，他才二、三十歲年紀已事業有成，還帶頭籌集兩百多萬元創辦東海華僑農業中學。一九八〇年代，他更在泉州市區興建大廈，也將部分租金作為教育基金，當時泉州可還沒大廈。我說他是鬼才，是天才，是天才鬼才的人多半壞脾氣。

拍完廈語片回到台灣後，我倆還保持聯繫，乾爹更曾來台灣開華國飯店。除了心心念念返鄉辦學，他特別喜歡說家鄉話的姑娘，他也對廈門菜很有感情。對著飯店裡的豪華酒席，他反倒思念起家鄉小菜。他老愛跟我叨念，成天說有一道不知名料理，如今再吃不著，有多懷念云云。

我問他詳細，他說這菜呢，首先要把白飯和稀飯抓捏成基底，裡頭揉進茄茉菜、花生米、生蚵，做成丸子後再滾抓過地瓜粉下湯，湯裡務要摻放些油蔥和蒜末。

我和我媽照他說的研究揣摩良久，做好了給他送去。他吃了，說還真像，叫我也一起嚐嚐他家鄉的滋味。後來乾爹回到泉州，我記得有一回打電話給他，時逢台灣總統大選在即，他人其實在病榻上，卻沒跟我提起半句病情，只好奇地問我，你看誰會選上？

這戲坐實了，虛與實，乾或親再難分清，也再毋需辨明。我當時人在台灣，跟他講完電話沒多久後，就聽說他陷入昏迷。我先是殺到香港，當欲從香港轉機到泉州，半夜裡飛機票已訂不到。當時是搭船也來不及，我人慌急得直要掉淚，忙坐臥鋪巴士徹夜趕路到他身邊。趕到沒多久，他人就走了。好不容易趕上陪他嚥下最後一口氣，可終究是趕不及給他再做一碗茄茉蚵丸湯。

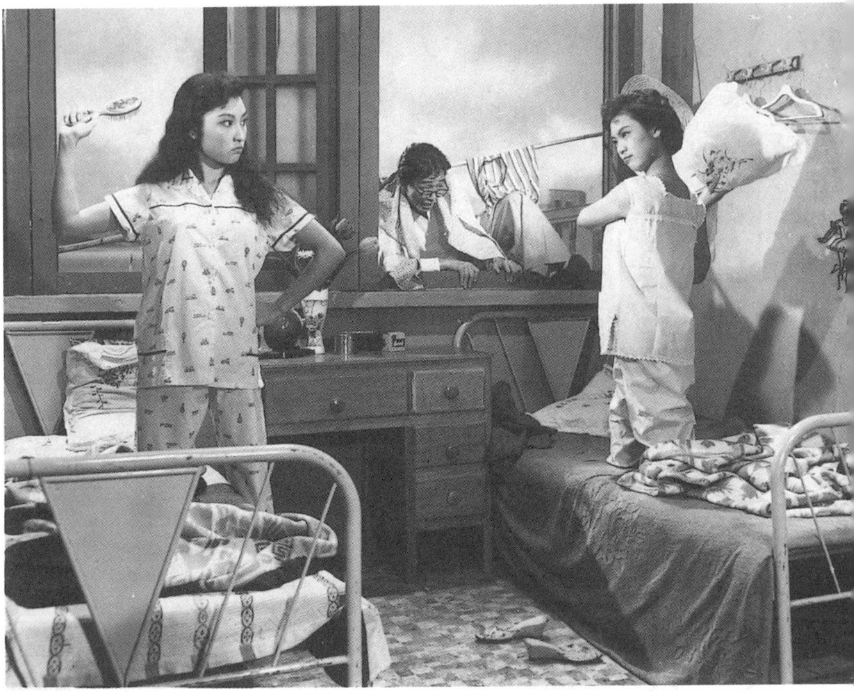

◎廈語片《蜈蚣蛤仔蛇》

◎廈語片《蜈蚣蛤仔蛇》

第六章

# 泰國影壇的首位台語片女星

## 這兩紙合約，說盡了當年戲子的處境

我是生長於布店的女兒，家裡做生意，我天生對合約和片酬這些事精明，但也不是時刻如此。去香港拍廈語片，我一共簽了兩紙合約，這兩紙合約，說盡了當年戲子的處境。布店女兒嘛，除了對合約和片酬精明，自然還對布料和衣服有天生的敏銳度。

民國四十八年八月十日，我人還未足廿歲，報上寫我一席白色織花外套搭上水色洋裝，和一身白色獵裝的林沖，雙雙從國泰班機上下來。記者寫我倆在海外如何風光，我的

《王先生到香港探親》和他的《查某愛吃醋》都在新加坡熱映十天，殊為難得；又寫我倆片酬達港幣二千，是台灣明星去港演廈語片中最高的，直說我們那是載譽歸台。

又過半年後的民國四十九年二月十八日，我年紀方滿雙十，報上這麼寫我：白虹一身鮮紅惹火西裝步出機場，對記者輕盈笑說：「我又到太平山下來了。」

一身白衣歸台，一襲紅衫赴港，我也不記得是否刻意為之，把藝名諧音的紅白雙色前後穿套身上，似在說明影星白虹在國際間遊走，港台間來去自如似的。

才相隔不到一年的時間，面對記者能一身時髦扮相，言語佻達，那和首次偷渡去港時肌瘦面黃，昏厥語塞的慘狀，當真是判若兩人。如今我手上有張通行證，可以免去繁複的簽證手續，再不必藏身船艙裡，隨時能自由來去。

然而卻不能。此話怎講呢？這衣服裝扮說完，就說到合約了。我與三友影業的約定是首次去港，一年半內要拍十支片。算算我首次赴港的十個月間，足足拍了七部廈語片，是同期去港的台語片明星裡數一數二多的。可是這七部片當中，其實只有一支由三友公司發行，其餘幾乎俱是在麻將桌、館子內和夜總會裡，吃摸胡槓，觥籌交錯間另外講定的生意。

鄭太為我擋下做姨太的命運，四處兜售片花，講妥價碼。我去演的不是三友自家的片，三友包辦食宿，帶我們應酬交際，自然得要抽成。可主要是這算法讓人費解，單片港幣酬金兩千那是沒錯的，可他們說凡事得照合約來，無論片酬多少，我都只能照領八百。

合約是對雙方的保障，有時卻成了綁票似的。按這字面詮釋來變相抽成，一抽就能抽你六成，抽得都肉疼了。不僅如此，歸台後，我仍有九部片約要履行。鄭太於我有恩，我至今感激，然而當時眼見一紙合約無限上綱，實在有違情理。有新的公司找上門，待遇只能更好，我連聲答應。可三友當然不會輕易放人，眼見就要失約，我急得都要跳腳了。

回到台灣後，我沒閒著，先是拍部聯邦投資製作的台語片叫《圓環石松》，又和先前演乞丐的邵鬬二、矮仔財等諧星同台。我人挺悶的，還好這是部爆笑喜劇片，導演則是兇出名的吳文超，他卻從沒對我吼，邀我到他家，他老婆還煮飯給我吃。

至於三友呢，也沒讓我閒著，它和利昌影業社合作，找來新明山歌仔劇團同我合演部古裝片《貍貓換太子》，這片也將外銷到菲律賓去。然而台語片不景氣，試圖賣埠海外拓展市場，命運仍是堪慮。你瞧後來原定還要續拍《八美圖》、《收酒矸》，談妥後皆不了了之。台語片這一類胎死腹中，或拿了訂金後周轉不靈的狀況，我早已司空見慣。片沒拍成，也不覺遺憾可惜。只是見狀，那更是急著換約脫身，往海外求生去。

這關於廈語片的第二個合約呢，則是金城影業和我議定的。金城影業，其實就是先前《王先生到香港探親》、《鈔票滿天飛》的發行商，在我回台前，他們就私下和我簽約，請我儘快返港再續前緣。他們的合約內容跟三友的可不一樣了，條件優渥得很。

首先，這合約一簽便是三年，每年至少八部片，每部片給你港幣一千。不過是之前片酬的一半嘛？可是他們給的這片酬不是死的，卻是活的，會逐年長胖的，次年再加碼五百，再次年又加五百。這些還都是其次，最誘人的，是它承諾每月支付我一千元港幣。這個承諾呢，叫做月俸，而這月俸，是演員們千載難逢的機遇。

演戲的天天勞心勞力，為趕戲或斷炊傷透腦筋，好不容易有人願意給張穩定飯票，拚命點還有績效獎金。聽了這開出的條件，不能不急著和三友解約，更恨不得自己能插翅往香港飛去。

可是這會兒卻給三友的合約纏絆住了，一拖就是四個月的光陰，四個月後台語片不見起色，三友這才放人。我恢復自由身，香港終究是去成了，好日子近在眼前，我便把那晦氣的日子通通看淡了。我把那紙嶄新的合約反覆端詳，再掐指一算，這些錢養活兩口綽綽有餘，於是我把我媽也拐帶了去，讓她也可以進香港這大觀園見見世面，開開眼界。

擺脫舊東家的糾結，人都神清氣爽了，自然要穿得一身喜氣，豔紅顏色飛去。一身那俐落西裝造型，腳步都輕快，都灑脫了。我先帶母親到香港街上蹓晃，再拖去幾間大百貨公司走看，早上去瑞興，晚上再去連卡佛。我倆那是把全家人全身上下的寬窄方圓，都在紙上註記備妥了，這頭幫大哥訂製高級英倫西服，那頭幫大姊做時興海派旗袍，父親弟妹的衣飾糖果更都沒少買。

我還拽我媽去梳頭打扮呢，她平時樸素得緊，打美髮店梳了顆頭出來，竟是不習慣，都羞臊了。只見她頻以手絹遮蓋下壓那高聳髮型，弓身快步疾走，直想躲回房裡，把我看得哈哈大笑。母女倆一起遊香江，逛大街，異地求生不再無聊無助，愜意得很。

然而沒多時，我漸漸意識到能天天如此快活愜意，是有些事情不大對勁了。原來從開年來已一個月有餘，冬天都要過了，春天都要來了，萬象都要更新了，可卻不獨金城沒捎來影片開拍的消息，那是整個廈語片圈都沒點動靜，不見生氣。

原來就在這短短四個月間，廈語片從制高點上轟然下落。去年瘋狂搶拍的一片榮景，到年尾時已沒人笑得出來，搶拍完成的許多部片遑論票房，連上映的機會都沒有。這其間，也包括我去年接拍的《兩傻艷福》，據說就拖了三、四年後才公開上映。

前一年已這麼倒楣，我二度赴港時，那更不用說了，只一個慘字。廈語片搶拍導致品質低落，觀眾早已失去信心，沒能再為聽個鄉音，就掏錢買單來看人瞎演，換自己受氣。加以南洋各地祭出排華或推行國語等政策，片商哪敢再出手投資，鐵定要失血虧本的。金城和我簽下那紙漂亮的合約，一夕之間，從價值連城的金飯碗，成了一紙廢文。

後來報導上也漸漸地把那好些風光的故事改寫了，只見有篇標題下的是「淘金之夢最易醒，大批明星落魄香港」。內文則說台語片明星一眾在香港九龍，住的是加連威老道的低級公寓，全擠在小而蹩腳的房裡。又寫原來代理商拍胸膛擔保，天花亂墜一氣，怎料去港後片酬僅夠充飢，連返台的船費都沒有著落，影星們只能相對哀嘆「無限心酸無從訴，悔不當初奔天堂」。

媒體說話向來是誇張些，我雖未落魄至此，卻也不難覺察廈語片情勢的開高走低。那紙合約報廢瞬間，如大夢初醒，我當機立斷和金城解了約。這回和母親自港返台，再沒心情挑揀衣服選花色了。

**小姐小姐，你願不願跟我到暹羅演部片**

我人坐在那延平北路三段的屋裡，悠哉地斜倚著，將指甲修整，再捧讀小冊。你道不是才從香港負氣回來，如今怎得這般神閒氣定，怎麼把那晦氣日子又給看淡泊的呢？主要是老天爺真肯賞口飯吃，就在我身處太平山腳下，萬念俱灰時，卻遇上個曼谷來的華僑，名叫蔡西南。這位蔡西南先生正巧在香港物色少女，經人牽線，我倆在港島碰上面，他便問我：「小姐小姐，你願不願跟我到暹羅演部片？」

原來南洋諸地，還有個不在廈語片圈子裡邊，可也同台灣和香港，更與菲律賓和星馬地區近鄰的國度，名叫泰國。其實台灣和泰國電影圈在幾年前已開始互相迎送些秋波，但是合作製成的都是泰國片，產品只在暹羅上架，罕有國人知情。

話說民國四十五年，也就是我十七歲時候，一個叫杭立武的官員派駐泰國成為新任大使，這之後台泰雙邊的邦誼便開始親密了。對兩國之間的交情，電影圈也算盡了些心力。我和中影豔星穆虹同去勞軍時，就曾聽她說準備動身去泰國，須得治裝做些準備。原來穆虹就是在那杭立武到任沒多時，隨同外交使節及我國工農產品一行，要去參加曼谷國際博覽會的指定明星。

隔年，中影另一支偉碩的台柱，以《噴火女郎》的冶豔形象聞名，人稱「最美麗的動物」的張仲文也受邀到曼谷，她則是去拍部泰國片叫做《白額虎》。《白額虎》說的是泰國華僑商會主席蟻光炎的故事，蟻先生出身貧苦，年輕時移居泰國經營航運和米業致富。二戰期間，他曾號召東南亞僑民共赴國難，還集資辦報鼓舞抗日運動，最終雖抵擋住威逼利誘，卻死在敵人的槍桿子底下。

只消看這中影雙姝出席的展覽，參與的電影，你便不難覺察政府的用心。不遠前來展示台灣的性感名伶和工農產品，一面是安撫與籠絡南洋的僑領，一面則是進行政宣，再和泰國齊力拉開反共陣線。你瞧，我們去泰國的套裝行程，都得會會眾多僑胞，再見見泰國王室的好些皇親國戚。電影花旦出關呢，香肩上扛負的，是促進民族團結和諧的重大使命。

這蔡西南開了間西南電影公司，自己也當起了導演。他是僑胞，政府自然會照顧，蔡當然也樂得受惠，打好政商關係。不過我畢竟不是中影的基本演員，這得算是民間自發性的邦交親善行為，雖值得嘉勉鼓勵，可出塞前的種種瑣細恕不負責，通通得自己打理。

這頭一個把我出國前的悠閒時光打亂的，就是簽證的手續。我和蔡西南簽訂的合約上，除了載明片酬三千港幣，預付一千五百訂金，供食宿外，還明訂我人赴曼谷履約的時限。之所以催促我及早動身，是因為泰國就快要進入雨季。

老天爺賞你飯吃，可祂要下雨，可不會為你憋著。但你窮著急也沒用，當時出國辦簽證手續之繁雜，今天跑這部會，明天去那館所，簡直大地遊戲，弄得我腦脹頭暈。更胡鬧的是，我到泰國領事館辦個簽證，還遇上個色膽包天的辦事員。他見我出國卡關，居然沒與民便利，還反倒使出了官威，直言要我跟他吃飯，完食後再跳支舞，才肯把簽證發下，給我放行。

先前去香港時，偷渡連嘔了三天兩夜，再是合約纏身插翅難飛。如今去泰國嘛，氣喘吁吁跑大地遊戲不算，還得吃飯跳舞闖關。拿到有保障的合約不簡單，怎想得到要拿張簽證出個國門也難上加難。

眼下若答應了，等於白白給這廝撿現成便宜，豈有此理。可履約期限在即，由不得我說不，只得忍氣吞聲，點頭答應。回頭跟幾個朋友說講此事，他們聽了義憤填膺，問我相約時間地點，直說要給點顏色教訓。

我不情不願赴約，不情不願跳舞，不情不願到一半時，幾個朋友還真惡狠狠地殺來了，提袖掄拳就要往泰國領事館那廝身上摔砸去。他反應倒是很快，原來樂陶陶地前踩後踏，馬上腳底旋風，溜之大吉。這舞也算跳過了，他人至少依約把簽證發給了我，雖不講理，也算是講信用罷。

好不容易過了這公和私的重重關卡，我終於能往暹羅飛奔而去。我放下污辱和委屈，穿上開襟印花洋裝，那上頭花草種子蔓生，人未到已爬滿一身熱帶風情。下機後，兩位泰國明星立馬捧送花束，蔡西南又帶了數個僑領相迎，再將我給當地幾間華語報社《中原報》、《星暹日報》、《華商日報》等團團圍住，以示尊榮禮遇。

閃光和快門如爆竹在我周身啪擦燃滅後，我跳上台敞篷跑車。一路上，只見那大殿佛堂的屋宇層疊，神像雕飾都繁複工麗，兩旁飛馳過的景色俱由金紅二色連綴而成，頂上太陽也是金紅色的。這畫面和氣溫提醒我人已入異邦，該即行隨俗，便時刻產生那雙手合十的衝動。

車停在西南影業公司門前，公司的二樓便是蔡西南的家，我就住他家客房。一進蔡西南家門，一位個頭只及我肩高，約莫四、五十歲的瘦小婦人來迎。我正欲以方才習得的泰語熱情招呼，卻見她的雙膝往地面下落，咚地一聲便跪坐在我的跟前。

她這一跪，弄得我慌亂無措了，這眼睛和嘴巴合不攏，雙手也跟著合不攏。哎唷哎唷，我說這位太太，有事好好說，慢慢講，我雖不會泰語，蔡導會替我翻譯，怎麼一聲不響就給跪下了呢？

**那戲院裡，橫豎是貴氣如皇室宮寢的躺椅**

這回來到泰國，我參與的電影名為《亂世孤鴻》。原來片名其實叫做《街童》，顧名思義是戰亂期間一位淪落街頭的孤兒的故事。這位身世坎坷的街童，由泰國的年輕演員吉德宮飾演，我在片中則是一個家境好心腸軟的華商千金。這街童被構陷入獄，我想方設法四處求援，邀集眾人商議對策，這才還他清白，免其牢獄之災。

我記得攝影師用的是柯達製造的十六毫米攝影機，十六毫米除底片便宜之外，形狀也瘦窄，機身跟著底片同樣小小的，和台語片慣用的三十五毫米機器不一樣，大小像個手提化妝箱，也真有個帶子可拎著。我見它可愛，偶爾喜歡借來把玩，手搖機身側邊的把柄讓馬達飛轉。據說這種機器二戰期間常用於戰場，報導戰情，跟我們電影的時代背景也算匹配。

台灣的報上曾寫我用注音符號拼唸台詞，還說這麼瞎唸一陣，便把泰語學會了八成，誇我有語言天分。這又是笑話一則，告訴你，這是部默片，沒聲音，我們怎麼說話根本沒要緊。拍片時我領的是國語劇本，表情沒走偏歪掉便行，對白國台語交替，自由發揮隨你高興。總之看到對戲的人嘴巴張闔完了，你就緊接上，雞同鴨講仍能把這戲演成。我說這對戲發音不成問題，拍泰國片的難處，其實在別的地方。

主要是泰國片和台語片的攝製環境一般陽春，多採實景拍攝。這片原叫做「街童」，這實景自然是街景，街景便是外景。拍泰國片，這難的地方，就難在都是外景。先說早上吧，你頂上是金紅色的大太陽，一出門就黑上一圈不打緊，主要是汗如雨下，一天得洗許多次澡，否則妝花了，身子也黏膩難受。

再說晚上，太陽打烊了，可就換蚊子接班。太陽只有一粒，蚊子卻是一群，還不是普通的一群，那是密密麻麻厚的像層海浪的一群。從你胸前腳邊湧上來，怎麼揊揮也驅趕不盡。唯有那水銀燈打開，嘩地一片白亮，牠們才一哄而散。可把那燈一關，就又綿綿密密地回來了，當真是陰魂不去。

早上的豔陽和夜裡的蚊子兇惡蠻橫，忍一忍也就過去了，可有件事情你卻真沒轍，那便是每日準時報到的午後雷陣雨。原來當時我給這許多簽證關卡一拖磨，來曼谷時正和那雨季撞個滿懷。有時一整天外景拍沒一兩個鏡頭，雨就來了，那雨勢滂沱，一整個午后時光便給它全佔去了。

蔡西南老闆身兼導演，人也很隨性。雨來了，便給我點零用錢叫我自己玩去，大雨如是我就跑去看電影。在泰國看電影是大享受，這主要還不是電影情節的問題，是座椅。一走進曼谷電影院，我著實給嚇了一大跳，你道那拍片環境和設備陽春，外頭酷暑蚊蠅，可戲院裡卻有那戲院座椅啊。那座椅背後高，像太師椅，坐墊綿軟且寬敞，明明是單人座卻又大如雙人沙發，中間還有個小桌能隨意擱放些零嘴吃食。

我沒戲唱，來躲雨享受也有人隨行，這人呢，就是頭一天來曼谷就讓我受了驚，見了我雙腿一軟，立馬咚地下跪的太太。原來她是蔡西南給我安排的女傭，當時泰國的習俗如此，身分優位於輩分，動作身段標誌著地位高低，她碰見你，只能趕緊把自己矮上一截。

這位太太雖也是為我打理瑣細，可和去香港拍廈語片時的片廠助理不一樣，她那是除了我就寢如廁之外，全天候隨侍在側。我上哪兒去，她就上哪兒去，活像個保母跟著我這異鄉來的巨嬰。我倆言語不通，然而比手畫腳間仍顯得親暱。她跟了我，說真的也挺不錯的，時常能同我癱瘓在豪華座椅上，看一個下午的電影。

當時我看的片幾乎都是泰國電影，他們本地的片比進口的要多得多。至於類型嘛，愛情動作恐怖懸疑都有，可清一色都是默片，俱是十六毫米底片拍攝放映。那攝影技術和放映水準有些低落，可那戲院裡，橫豎是貴氣如皇室宮寢的躺椅，這兩者間遂產生相當劇烈的反差。票房好的泰國電影跟台灣一樣照常滿棚，不過這觀眾衝著來的，恐怕不僅是電影也不是座椅，而是那配音。

你道不是才說清一色是默片嗎，怎地忽然又有了配音？欸，這配音不是事前預錄的，是現配的，熱騰騰的。更不是像我們台灣的辯士那樣，僅是從旁為默片配白，或是講解外片劇情，而是貨真價實的把台詞說對上那片中演員的嘴。視電影中角色多寡，這群現場配音員有時來二三人，至多五六個，成群坐在戲院後頭個區塊，比手畫腳地說唱起戲來。

他們的嘴上功夫了得，電影裡無論出現的是男女老少，又或人畜動物；無論是哭笑逗唱，又或尖聲怪叫，他們皆能惟妙惟肖。一人分飾八角不算，他們身旁還有道具，見他們隨時揀拿東西，又狀擬起那電影裡的各種環境聲音，間或還要奏起配樂。你說他們沒有這三頭六臂，七嘴八舌，該是手忙腳亂，舌頭打結了吧？可這幾個配音員卻氣定神閒，從容得可以，那技藝超群，我真佩服得五體投地。

我們拍台語片也都是自己配音的，不能不知道這配音員得具備的演技功力。有時電影都不看了，轉頭看那現場表演，看他們樂器叮叮咣咣，人聲嘰嘰喳喳，精彩萬分。時常看得痴迷，全忘了正片光束投影的去向和位置。

也難怪有人說他們比明星還明星，更吸引了大批追捧他們的影迷。也難怪大家不計較那影片畫質粗糙，不在意那默片沒有聲音，更不計較我等華語女星的泰語究竟能說上幾句。

除了看泰國電影打發時間，我愛趦晃貪嘴的老毛病仍是時常發作。比起逛百貨公司，不時往鄉下逛些小販其實更來勁。只要眼見小車上載著榴槤牛奶冰淇淋、竹葉烤椰子糯米飯，我便趕忙攔下後比手畫腳一番，全都各來上一份，才盡興滿意。其中那經極速冷凍的椰子汁像剉冰，仍有那椰肉的奶油口感與香氣，我一喝成癮，一天就能嗑食個兩三粒。

拍泰國片的衣服行當，一如台語片和廈語片，仍是得自己準備購置。泰國雖說沒有香港的成衣市場齊備，可你真得瞧瞧他們裁縫店那個手藝。我不時拿著時裝雜誌到店裡出考題，請當地華僑女記者幫忙翻譯，跟裁縫說我要這件的領子，配上那件的澎裙，又領口胸襟哪裡要綴上花飾，配色衣料如何云云。

他們那是兵來將擋，全沒被我的奇思怪想給亂了方寸，現場立即手繪設計成形。你下次再光顧指教，他們已幫你找齊各種稀奇質材、古怪花色的布料，施用各種繁複卻俐落的剪裁和縫紉技法，毫無偏差地達成使命。我一口氣就做了許多件，演泰國電影、會見大使杭立武夫婦，拜訪僑領和皇親穿了，都能體面有型。

我是布店人家的女兒，我一看便知那做工極細，剪裁合身且立體。那手藝真是活的！穿了那身衣服走起路來形容雅緻，不會顯得過於文靜死氣，身子連帶衣服款擺時，渾身若有個輕快的節奏。泰國尤其流行繡花，花飾在身上鮮活錯落地盛放，彷彿有生命似的。我再沒見過別處能這般妙手生花，也再沒見過哪個裁縫技藝與之堪比。

◎泰國片《亂世孤鴻》

側記B

# 回娘家

「阿姨阿姨，又到點眼藥水的時間了，不要忘記啦。」

「狗狗，什麼時候要回娘家啊？阿姨想你了。」

「阿姨——我又找到你的一個報導，你看——這張照片也太美了吧。」

「狗狗你是偵探嗎？怎麼找得到這個。我都沒看過，真厲害。」

我的 Line 開始很常收到長輩圖，還有號稱「絕對實用」的生活小常識，「小心被騙，敬請轉發」的善意提醒或危言聳聽，以及一些我實在沒有動力點開的 Youtube 影片。所謂關係的蜜月期，就是雙方的眼睛和言詞裡泉源出糖與蜜，自己竊竊的用心被辨識，沒有特別內涵的話語好像藏著深意，明明不怎麼樣的小成就被視為才華洋溢。

所謂關係的蜜月期，是自己稀薄的存在忽然有了點黏稠度，有了點意義。

「回娘家」，我看著手機訊息，把這三個字讀唸出聲，有些不識好歹地揣測阿姨的發言動機。為了訪問寫作、自我實踐一類的事情，我連日窩在偏遠的淡水姑姑家。當我為了阿姨勤跑圖書館，上窮碧落下黃泉地找資料，我對原生家庭的近況和姑姑的事一無所知。時間對自己吝嗇，於是你向對自己無私的人吝嗇。向來如此。

「阿姨，我來了。」我右手拉著七天份行李，左手抱著一雙酒瓶，其實不過是全聯限時特價酒而已，「你看我帶了什麼來？」有道是禮輕情意重，爺送的可不是酒，是巧思。「我帶『白虹』來找你啦，哈哈。」我把手上兩支分別裝著白與紅液體的酒瓶相碰，碰出鏘鏘聲音，阿姨則在我眼前笑出銀鈴聲音，那笑面裡翻綻出的少女心，讓她看起來如花似玉。

被逗樂的老少女拉著我，往充作倉庫的小房間裡走，她邊用嘴發出噓噓聲音，邊從紙箱中翻找出一堆彩色果凍模樣的東西，疊堆在我的手心。「我以前最喜歡跟家人吃燭光晚餐。」聞言，我的手一再蹭上打火機滾輪，把果凍和往日一一引燃。電燈全擰滅後，果凍在燃燒，火炬在跳耀。我們的心慢慢依靠，還有話想跟你聊。

在搖曳的光影裡吃阿姨煮的飯，我倆的心池如杯酒蕩漾，眩暈彷彿置身舟楫。於是她自然地聊到當年偷渡到香港演戲的事情，她笑說，當年她吐到膽汁都出來，講到這時，我們不約而同地把魚刺吐出，放在同一個碟子裡。我們相視而笑。此間有情，讓人動容，卻也讓人不寒而慄。

情調氣氛催化下，人開始忘記客套，鬆散把關話題的戒心，當她開始不斷對洩自己的底感到懊悔，忙著追加這句話：「欸，狗狗，剛剛說的這個不要寫。」我的掌子則把錄音筆偷偷地再往她推進。我告訴自己必須把握飛速進展的關係，乘勝追擊，直球走心。往日記憶被掏心連肺地傾吐，碟子上的魚刺則像是語言燃盡後，晶瑩的灰燼。

燭影搖紅，我倆在故事裡高潮迭起。今晚是故事的盛宴，她東，以慷慨的言語款待座上賓。

接下來連日清早起床，我趁阿姨晨間的線上操盤時間，到附近清潔美麗的北大特區圖書館報到寫作。說好聽是保持進度，其實是找藉口，讓彼此過熱的關係得到喘息。

說是要保持距離，卻是不能。我假想自己盤據著她的身體，假想她的身體能帶我回到過去。我離開阿姨的同時，其實是不停地、絕望地、中邪般地，一再往她身心裡撲去。

說是要早起，卻是不能。我只是如夢遊者守在圖書館的門口，等待一些故事和啟示朝我敞開。因此，光亮的圖書館裡，周身的明朗始終被我的心擰滅，我習慣在光天化日之下，不停地把自己拋擲回燭影搖紅的說書現場。

一般來說，我從逐字稿開始跋涉，一路探索語氣和語氣裡夾藏的心思，繞過沿途她因自我曲解或渴望被愛，有意無意設下的重重路障，鑽埋到她真實的焦慮、痛處、愛恨和可能的真相裡去。我目光炙熱地盯著不斷增生的逐字稿，來回檢視對話紀錄，進行無有學術性，卻關於人性，極易走火入魔的文本分析。

然而，除了她設的障，我也不斷遇見揮之不去，不小心就膨脹高張的自己。所謂的口述歷史寫作，採第一人稱，就像是我打開筆電蓋，把自己沉浸回她的照片時空裡，卻不斷地看見我和她的臉在屏幕上重曝於一起。為了和她異口同聲，強逼自己協調頻率和轉換嘴型。然而，卻更常發現她沉默時，我咕噥囈語，我閉嘴時，她談笑風聲。

說是要保持距離，卻是不能。說是要完全模擬，卻是不能。我們在鍵盤上爭搶著發言權，然而，決定誰開口閉嘴的權力始終在我。想想真是抱歉。

而阿姨始終不知道我離開她的用心，始終不知道我離開她，都是為了跟她靠近。

「狗狗，忘記回來吃中餐啦，都快要一點了，你不要阿姨啦？」已讀。「狗狗幫我買個燙青菜回來喔，中午吃稀飯加菜用。」未回。未接來電三通。四通。五通。震動被我壓在包包下直到它窒息。

「阿姨抱歉，我剛剛關靜音，沒看到。」哎呀，如何親近阿姨的決定權，怎麼那麼剛好也握在我的手裡。想想真是抱歉。

走回阿姨家的路上，腦袋裡有點過時地輪播著陳綺貞的〈旅行的意義〉。說不出在什麼場合我曾讓你分心，說不出，離開的原因。我一路走一路想，是不是該在 Line 裡把這首歌的 MV 分享給阿姨？

# 造浪

妖姬●特務●梅花鹿——白虹的影海人生

第七章

# 我先生是大導演張英

**不過就是拍了，愛了，懷了，生了，如此而已**

從泰國飛回香港，又回到台灣，已是又一年半載後的事情。當時電話裝設還貴得不得了，裝機費得演四齣電影的主角才付得起。我們延平北路的家裡還沒裝電話，但房東家裡有一具。電話來了，他得跑過好幾間房子叫上我們，我們再跑過好幾間房子接聽。二十二歲，我從香港回來，房東說他已經為了個叫張英的跑了好幾次門，可我人都不在。這個張英我聽過，是個拍台語片的外省籍導演。

打電話總沒人應，張英只好親自找上門來。他來那天，我剛好也回來了，二人終於碰上面，他朝我遞出片約邀請。後來，除了他邀我演出的《大俠梅花鹿》順產，導演的孩子我也生下了。生下孩子那一年，我二十三歲，他四十三歲。那孩子是我的第一個孩子，卻不是他的第一個孩子。

這些事情的發展一如我的說法，有些突然，莫名其妙，可卻也順理成章，沒有什麼轟轟烈烈，值得大書特書的地方。而這特別淡定的症狀，不獨我一個人是慣犯，我父母也是一樣。不過就是拍了，愛了，懷了，生了，如此而已。這幾個字眼，有些人看得很重，我們全家不曾輕看過，只是也不曾驚怪過。

然而，人生不是電影，不能快轉，這幾個字終究是由許多事件構成的。首先，讓我從接拍《大俠梅花鹿》這電影說起。

聽說這部台語片至今仍被視為奇片。如今哪部電影不是花招百出，我就不信還有什麼能教誰真心驚奇。想想它至今仍有話題性，大概是大家把那個時代想得保守，因此猜不透當年是誰出了這古怪主意，還能找到一群人來配合成作。這猜測很合理，畢竟這類疑惑，我當年也不是沒有。

如今我還記得他找上門來時那模樣，一個大導演的，個頭不高，長相無奇，可一開口就噴出濃濃的四川鄉音。我聽得含糊，只知道那兩片嘴皮子裡嘟噥著，事關一部兒童電影。張英說，這是部「童話戲」，在這戲裡頭，你們得穿禽獸裝，還得往山上演去。

我把話聽在耳裡，然而並不解其妙趣。隨手翻了翻大導演揣來的劇本，只見內容如他所說，是好些大家耳熟能詳的童話故事，如〈龜兔賽跑〉、〈狼來了〉等所改編連綴成的一齣戲。派給我的角色是頭梅花鹿，我把那畫面想像了一下，自己鹿頭人身的扮相浮現眼前教人怪難為情，因此並未傻氣如鹿小姐一味點頭相應，心裡頭倒是生出狐狸的多疑。噯，這童話戲能看嗎？這片子能賣嗎？

我邊看劇本，邊斜眼覷著來客，只見那廂把話說得連同口沫全橫飛開來。畢竟張英拍兒童電影很有些心得成績，《小情人逃亡》讓他拿了個「徵信新聞」主辦的台語片金馬獎，成了最佳導演，不久前執導的《虎姑婆》更是大賣，他那會兒又花了不少時間打點兒童戲院成立的事情。「兒童」這關鍵字好像專給他帶來好運，他的確能，也該這樣自信。

在那些濃重的鄉音裡，我雖不能辨明其間每一個字句顆粒，但從中領略導演的珠算能力卻不成問題。他的盤算大致上是這樣的：父母會帶孩子看電影，一次來就是一整個家庭，當年大家孩子多，沒兩三下功夫就能把半打湊齊，那觀眾不就成四倍，甚至五倍、六倍的增生速率？他說，一旦暑假檔期敲定，就等同到手了一門穩賺不賠的生意。

導演有導演的盤算，我自然也有我的。泰國演戲是曇花一現的事情，廈語片沒落了，我從泰國搭機回港也曾盼那產業再長點志氣，可等了一年半載仍扶不起。回來台灣後，台語片市場照樣不見景氣回春消息。我有片酬照領便是，現在哪顧得了那許多面子或票房問題。童話戲嘛，導演說能，就成吧。

答應後又盼了許多時日，家裡才來了另一個陌生的外省男人。他跟我打了聲招呼後，便開始打量我的容貌，探知我的氣性，還帶了個助理為我量身。他把我全身肩胸腰臀、四肢環節的長短方圓一一數據化了，鉅細靡遺。這外省男人做的是場景、道具和服裝設計，名叫顧毅。他呢，不止身材，連名氣都還要比張英高上一些。

放眼港台影劇圈，顧毅可是美術首席熱門，大導演們紛紛捧著大把銀子排隊邀他設計。台語片的設計費用遠低於國語片，若非有些交情，絕計請不動他。可是張英有辦法，就憑他和顧毅是舊識。在抗日戰爭期間，他倆一同考進巴縣軍委會政治部教導劇團，有同窗之情，連張英的畢業作《包得行》也由顧毅操刀舞台設計。如今知友島上相遇，他倆是又都畢業自教導劇團，那更是親上加親。

顧毅人忙得可以，他願意接這部台語片的造型設計，導演歡天喜地都來不及，苦苦等候也甘願。我們當然只能配合顧毅好不容易撥擠出來的檔期，一會兒硬塞在那些檔期的夾縫裡，一會兒在漫長的無事裡晃蕩，殷盼戲服的發落與開拍的音訊。

當時為了給我們敷上一層可隨體軀活動的獸皮，顧毅特地選用彈性布料，可是當時台灣這類伸縮材質稀缺，光找到堪用的素材就費時不少。更甭說那戲服得量身定做，貼身剪裁，來回修改。他人又忙，定裝的前置作業一拉長，上山演戲的事就這麼給拖延著，一直拖到那老天爺憋不住雨的時分。是以我揮別了泰國的雷陣雨，轉身又撞上台北的梅雨季。

這齣戲在北投山上取外景，每天早上五點就得起床，一臉倦容地搭火車到北投集合。即使大夥起了個大早，拍攝時間還是被梅雨季壓縮得窄短，常常下午一兩點大夥兒就收工大吉。

雖說換上那身戲服，垂覆惹人憐愛的大鹿耳一雙，圈點上賣萌斑紋一身，也著實省去自己天天梳頭治裝的麻煩和花用，可事情遠不若表面或銀幕看上去那樣天真可愛。那身禽獸裝是由伸縮布料織構成的，而這種布料的特性是不透氣，想到在燠熱悶濕的季節裡要穿套上這身不透氣的東西，一顆熾熱的童心早已給悶壞死絕了，只剩下千千萬萬個不願意。

不願意的是外頭老天爺還沒降下甘霖，這層皮裡的雨勢早已狂猛兇急。除此之外，想上個廁所，還非得把整身皮扒下，才能順利解放。看上去野性，其實根本違反天性。每天下戲，我都迫不急待褪去那名副其實的臭皮囊一具，想辦法跟那個黏答答、濕淋淋的東西斷絕關係，切割個一乾二淨。

碰上梅雨季，這獸皮加身的酷刑和痛楚不斷延長。每天眼看大雨將來，又平白耗去半天器材租借的預算，原先敲定暑假檔期上映的如意算盤，更早被老天爺撥弄個大亂。可這種種慘況底下，偏就有人還能天天老神在在，沒事似地吆喝大家收工收工，明天再來。這不叫樂天派，什麼才叫樂天派？

每次收工，我邊憤憤地把那鹿皮扒扯下來，邊心想怎麼回事啊這個人？什麼毛病啊這個導演？裝得都是些什麼啊那顆外省腦袋？哎呀呀呀，這個名叫張英的傢伙。

## 她沒叫我先結婚，只是靜靜地煮點中藥給我補補氣

說起戀愛經驗，我玩心重，愛交朋友，曾有許多要好的男性友人，可沒一個發展到牽小手。我若沒興趣，對方越勤快，我躲得越密實，越徹底。張英之前，走到一起的還真沒有。說好要給林沖的小妹做大嫂的，也失信了。直到現在年近八十，我才敢衝著林沖問，當初你怎麼不要我？林沖便說，我怎麼覺得是你不要我？像是這樣因為自己害臊不說，按兵不動，錯過的，就這麼一回吧。當時是傷神，然而感情這事勉強不來，我只能要求自己快些轉念，畢竟人家跟了別人，你怎麼去求都難看。只有瀟脫，一臉沒事，尊嚴才找得回來。

至於怎麼跟張英好上的也是奇怪。張英這傢伙我只道是個奇葩，他沒有台灣導演常見的拮据，也沒有大導演慣使的脾氣。拍《大俠梅花鹿》時，下戲收工他並不跟我們閒扯淡，

©台語片《大俠梅花鹿》

除了鄉音，人倒也沒什麼距離感，每次都請大夥兒練排到個程度才上機開拍，因此也很少NG。

沒什麼NG，可這戲仍一路拖到中秋之後，直到我們把一身獸皮從防曬功能，穿到都有了保暖作用。從接到殺父仇人信息起了報復念頭，鹿小姐被狹持，直到她都要過生日了，這大俠梅花鹿居然還沒把大野狼殲滅，那大導演居然還沒能把戲殺青。

生日當天，鹿小姐本人找了做外燴的來家裡備上一桌好酒好菜，邀請劇組人員都來吃頓好的。導演來了，演大俠後來改名為凌雲的龍松也來了，演狐狸精的林琳、攝影師等工作人員都來了。只見當天演員都沒穿套獸皮，反而像在扮裝似的，個個人模人樣的真好玩，大家吃喝談笑得很盡興。

我只席開一晚，宴客一回，不料張英這傢伙隔天居然又來了。我本來跟他沒什麼交集，可接下來整整一個禮拜，他每天沒事就來我家裡坐，一天還不止來一回。這交集也就由點，慢慢連成線，又構成面，直到張開成網似的，把我這條鹿小姐纏繞在裡面。

張英來串門子，一次也就十來分鐘，話題都沒什麼內容，就跟我打個招呼，跟我家人打聲招呼。吃飽沒，天氣好或不好。十分鐘後他人便一溜煙跑了，沒半天後人又來了，然後又跑了。他沒再展現當年邀我演戲時那若有懸河的口才，然而他有種天成的幽默感、喜感，有本事逗我發笑，尋自己開心。

張英是大導演，可沒見那叫我倒盡胃口的大男人德性、沙文主義，因此沒找著理由躲，也沒想躲，他見狀便開始頻繁邀我出去。這人沒別的招式，老帶我去吃好吃的。所謂好吃的，上館子、路邊攤都有。除此之外，他不會跳舞，也不帶我看電影的，至多有次找我去八卦山，看看大佛。

他安排的節目沒情調，人又沒脾氣，老慣著我。我無聊，便把脾氣做大試他一試。記得有一天，他找我去吃有名的佛跳牆，當天居然售罄，張英說點些別的罷，我白他一眼，甩頭就走。他追著我好聲好氣，低聲下氣。我覷著他，心想我這戲正演在興頭上呢，哪能輕易喊卡。

《大俠梅花鹿》快拍完時我們算是正式走到一起。沒多久後，我發現月事連三個月沒動靜，怕是懷上了。我同媽媽講，她說那該是懷上了。母親知道我跟張英在一起，覺得這很正常，她沒叫我先結婚，只是靜靜地煮點中藥給我補補氣。

我停拍電影，開始害喜，整整六個月什麼都食不下嚥，唯有魚丸湯。只有那魚丸湯的小車往我家巷子推進，前面的銅鈴給撞出幾響噹噹聲音，我才來了食慾。張英不是特別貼心溫柔仔細的人，但會給我去買。有時我自己咚咚咚衝下樓去買，而且總要委請老闆把那胡椒罐朝碗裡頭猛著撒，使勁撒，弄得整碗又燙又辣，才對得住母子倆的重口味。可吞嚥下沒多久，我又把那些燙辣的東西全吐盡了。

我最大的覺察是懷孕真苦。以前看我媽生產，她生慣了，我也看慣了，便以為懷孕就看上去那樣，肚子大了，然後消風了，如此而已。可是事情實際發生了，卻遠不像吹放氣球那樣孩子氣，這個把月我吃盡苦頭，產子當天撕心裂肺的痛更不用說。

現在有個日新小學，那裡以前是間婦產科診所，叫賴婦產科，很出名，要排生還要事先預約。我有個朋友也是演戲的，都做小配角，聽說她生第二個小孩時，腳先出來，那醫生見狀，二話不說把出來的使力推回去，再繞轉個圈從頭將小娃拉拔出來。他就有這移星換斗的才調。還聽說有種情形，生小孩的時候胎盤肉團若沒排出來，產婦有大量出血危機。

碰到這類情況，那醫生更厲害，他的手照樣可以伸進去直搗黃龍，把那冥頑不從的肉團捉拿出來。

我便是在那賴婦產科生產的。那一天是民國五十二年一月五日。同天，張英有齣古裝大戲《龍鳳呈祥》正好開鑼，是齣話劇。事實上，張英除了拍台語片，也做舞台劇。正確地說，他是從舞台發跡，編導演皆擅，在五〇年代到六〇年代初的台灣劇場界更能算得上個首席。其實我真心認為他的話劇比電影要好，燈光效果、舞台道具、節奏走位、劇本章法，他都抓得很緊，沒得鬆懈的，不見他導舞台劇還出現執導電影那樣的舒泰自在。張英偶爾也把我叫去看他導演話劇，大概想叫我領教他在劇場界是如何威風，那時刻的確能見此人除了喜感，還真有幾分才氣架勢。

頭一胎孩子登台的現場，孩子的爸因自個兒的大戲開幕缺了席，周圍是我媽以及家裡的姊妹。直到戲散場，十一點多，張英這才回來了。他把娃兒抱著，臉上有為父的雙重喜氣。我說，這孩子跟你的《龍鳳呈祥》同天出世，不如就叫他子龍吧？他說，那不成啊，之前說過，得按家鄉規矩，要排字輩的。

這孩子的名字叫芳堯，私下我和我的家人還是愛管他叫子龍。那是我的第一個孩子，不是張英的第一個孩子，是他的第四個，還要跟著遠方的哥哥姊姊排字輩的。

**這一端產下的生命有多重，另一端的自己就顯得有多輕**

我們那個年代，許多人，尤其是女人，把產子視為一個重要階段。生了，跨過去了，好像年少就不再，青春就不再，也不能再任性。你的人生與另一個人的人生，像是翹翹板的兩端，你在這一端產下的生命有多重，另一端的自己就顯得有多輕。

◎白虹與其母親

然而，就像我之前說的，我們家，我的父母，把愛情、婚姻和生產都看得很輕。我也是，愛了，懷了，生了，不過如此而已。我們不曾輕慢過，只是也不曾驚怪過。所以把子龍抱在懷裡，他有重量，有，確確實實地有，扎扎實實地有。可是於我的這端，沒就此打算把自己看輕，轉型做全職母親。我不認命，我還是少女，還青春，想任性。我才二十三歲。

這事情被我說得容易，可我承認，確非易事。畢竟想使性子，不是我一個人就能使得成的。我很幸運。主要是身為母親的同時，我仍是個孩子，我才二十三歲。頭一次坐月子，母親替我做了麻油雞、杜仲腰花和豬肝。生完孩子，我的胃口全回來了，吃得很好，很補，很貴氣。坐月子之外無事忙，我喜歡揣本小說，靠在床頭上閒閒地翻看，愉快地把時間揮霍，把無聊打發。這麼斜倚歪躺著看書，常看到背痠腰疼的，吃了母親的杜仲煮腰花，就好了。食補與看小說時，孩子常是母親帶著。

我幸運。生了孩子，還能使使大小姐性子，就因為我這個母親還有個母親。母親的母親對這個新手母親的公主病常氣不過，偏偏又縱容得很。除了帶孩子之外，拍台語片沒經紀人與助理制度，我每次都拉她當跟班，撒嬌要她幫我梳頭，打點瑣細。我那時沒有表現感激，還常犯急，對她嫌棄。她被我催促，常怨在嘴裡氣悶心裡，可偏偏又認份認命，手上腳上沒停過。

很多年後，她跟我說，當時她氣不過，還曾往延平北路上去問，問她跟這女兒犯沖是否命中注定，是否無藥可醫？那算命的跟我母親說，這孩子有孝心，就壞在脾氣，她那脾氣一拗，可以從延平北路一路拗到大稻埕去。

我能拗是幸運，能使性子是好命。不獨是母親，還有別的共犯協力齊心把我慣著。算命仙說的是太含蓄了。我這一拗，不單單是沿著淡水河一路倔過去這點兒程度而已。那是脾氣一使，主意一定，行李一拽，便催動十足馬力，那是奔哪一洲去，哪怕去外星球都成立，唯有回頭是岸沒可能而已。

母親之外的另一個苦主呢，就是張英。

坐月子六、七個月時，我那脫韁野馬的活力已被母親慣養得很充實，因此當和張英為了些小事起爭執，鬧彆扭。我可是一拗便能拗到香港去。這次，我仍舊往加連威老道上去住，不是消費購物，就是到夜總會跳舞，把自己過得像是單身女郎，了無牽掛，摩登潮氣。張英那是天天捎來兩封信，曲意求和，信中狂打孩子牌，內容橫豎是芳堯想媽媽云云。

張英甚至請託當時也同在香港的老友，著名的編曲家周藍萍來加連威老道，探探我的口風和心意。周藍萍當時在邵氏編曲，他好好一個大編曲家，為了咱們的家務事還親自跑這一趟。他幫張英帶口信，替他說好聽話，卻見我還在氣頭上，不領情。我不領情，他倒是安了心，給張英拍了封信，信裡是這麼說的：「有恨就有愛，就怕沒有恨。」

張英讀了這些字句，心領神會，繼續把信綿密地往香港投遞。我照常把信讀了，擱著，相應不理，只是暗暗地把他的誠意拿來反覆閱讀，端詳，餵養自己的高心傲氣。其實心裡早已沒有恨意，只是懶得拉下臉皮。

去香港那陣子，碰巧遇上和我一起拍《乞丐與藝妲》，先前住我家對街的張敏。有伴一起，兩人簡直是玩瘋了。每天晚上，一些不知道打哪來的圈外朋友會找我們一起，上夜總會跳阿哥哥、扭扭舞或恰恰，什麼流行學什麼，跳什麼，瘋什麼，渾不似一位人妻或母親。我才二十三歲，還是少女，青春且任性。

這麼瘋活好一陣後，事情才有了變化，也讓我往香港奔逃的動機有了些正當性。當時有個台灣小說家兼編導，名叫潘壘，他人也在香港。潘壘的才華橫溢，民國五十二年為邵逸夫賞識，延攬進邵氏擔任編導，當時他正在拍一部彩色寬銀幕電影《情人石》。潘壘知道我和張敏人在香港，引薦我們進邵氏，倒不是邀我們去演他的電影，而是擔任另一部電影《藍與黑》的配角。

《藍與黑》改編自王藍民國四十七年出版的同名小說，原著被譽為「抗戰四大小說」之一，內容是以孤兒張醒亞、孤女唐琪、千金大小姐鄭美莊間的三角烽火戀，來見證那個悲苦的大時代。這部小說本身非常暢銷，不斷再刷再版不算，更於六、七〇年代陸續被改編為廣播劇、舞台劇、電影與電視劇。

邵氏買下小說版權，民國五十二年開拍，請來陶秦擔任編導。他們把電影拆成上下雙集，擺明了這部鉅作的史詩等級，大時代的恢宏一回說不得盡，得分兩回合來說明。這等片長規格當然得砸下重金，打出巨星王牌與之匹配。他們那是搬出了林黛和關山，如此一來，標榜「重量級」時才能不辱自家金字招牌。

我和張敏竟意外得到個機會在裡頭軋上一角，想來該算是幸運吧。最終，這部重量級巨製的票房果真如預期一般恢宏。然而，其原因還包括一個不在邵氏商業算計內的因素。那是關於原著之外的一則傳奇，一樁悲劇，其陰影重重地疊壓在這部片上，讓這部電影的藍與黑有了更深沉濃郁的色調。

在殺青之前，有位母親死了，這個母親名叫林黛。我們參與的這部電影，除了見證大時代，也見證了一代巨星，與母親的殞落。見證所謂的大時代，或者一個時代的過去，究竟算是幸或不幸，不好說。然而，我始終覺得，後者的成分究竟大一些吧。

**在台北的盛夏裡，全身湧上的卻是一陣寒意**

民國五十三年七月十七日，香港大坑道渣甸山花園大廈寓所發現一具芳齡二十九的女性屍體，據傳死者開了煤氣，仰藥自盡，無他殺致死嫌疑。這個想不開的女人名叫林黛，她便是電影《藍與黑》的女主角，當時邵氏的首席花旦，也是一個還未足三十歲，就四度獲得亞洲影展影后的美麗女人。死訊一出，媒體足足報導一個月有餘。出殯之日，萬人空巷。

事實上，在邵氏拍《藍與黑》時，林黛和我少有交集。我只是個配角，本來戲份就不重，戲外雖還有些機會和演員相處，然而初到邵氏，在台北慣小姐的嬌氣全無處施展，大群明星當前，平素還不太曾怕生過的我卻常把自己矮著，窄著，囁嚅著，不敢吭一聲大氣。當年邵氏有專門接送演員上班下戲的小巴士，小巴兜轉好一圈後，導演陶秦、男主角關山、女配角林倩等人都是座上賓，車裡頭常是鬧哄哄的。他們見我一個來自台灣的新人老不說話，有時也會尋我開心，導演陶秦則護著我。好不容易擠出幾句廣東話，全車譁然，他們稱我說得很白，意思是說得地道。

至於林黛，她沒機會跟大夥瞎鬧成群，上下戲自己開車來去。化妝也是一樣，一般演員由好幾個化妝師輪流打理，小室裡大家分頭梳妝。可分派的化妝師再行，也沒那閒工夫給你一個講究仔細，我人龜毛挑剔，只好自己來，專愛在自己的眉眼上折騰個把小時才算滿意。至於林黛，那當然不一樣，她有專屬化妝間，專人伺候。專屬化妝師名氣同樣很大，大到得起個藝名，名字也霸氣，叫方圓。我當時心想，原來這就是邵氏首席明星的派頭，果真很有自己一套方圓規矩。

林黛雖然愛脫隊搞孤僻，但她也有她自個兒親近人的路數。在邵氏劇組拍戲的空檔，有回見我落單，她便叫我過去，問我「噯，你幾歲？」大明星跟我問話，語氣有些親熱，我一聽竟臉紅了，從裡而外，由下而上地全紅了，像顆橘子突然之間轟地就熟透了。這麼個簡單問題，我不知怎麼搞的，也能對自個兒的答案和年紀完全丟失了自信，只聽見自己細聲細氣地應：「二十三。」

我清楚記得當時林黛是這麼跟我說的「哎呀，你二三啊，我剛好相反，三二了呢。」語畢，她便笑著轉身過去攬鏡，檢查自己的眉毛和眼睛。我將兩人年齡相減，差距有九歲年紀。算妥後，卻不知該做出什麼回應才顯風趣和得體，只是一旁杵著，陪笑。

如今回頭再想，林黛出生於民國二十三年年尾，換句話說，民國五十二年我們拍戲的時候，那是連二十九歲都未滿。不知何故當時她一個女人家的，要平白給自己增添這許多歲數。她二十九歲就這麼走了，那被灌水的數字更永永遠遠未能搆得上。我常想不明白，她給我報了個灌水的年齡，難不成只是順著我的年紀，打打趣兒？其用意同她離世的原因於我至今未能解得。

當年我二十三，林黛該是二十八，差五歲。然而，電影裡的歲數卻和現實不同，戲裡頭輪我老，她年輕。電影開場，她飾演的唐琪紮著麻花雙辮，穿著一件民初的學生裝，天青顏色，跟姑娘的眼睛一般明亮。她一出場，說話行止就沒大沒小，不識大體，典型的人物建構伎倆，假意貶損打擊，實則推崇誇獎姑娘的真情至性，水靈淘氣。

我飾演的高丹秋則是唐琪的表姊，比她年紀要長，個性也反襯著她。高丹秋是個熟諳人情世故、玲瓏八面的少婦，衣飾和性格常做深秋顏色。除了祝壽時穿的大紅旗袍外，不是一襲褐棕，就是一身暗綠，頭髮也高聳成婦人形狀，順應著角色的名字與歲數，逕朝老氣橫秋的方向上經營。

有幾場近距離對戲，我趁拍大特寫時，把林黛打量個詳細，只見她一臉粗眉大眼直鼻豐唇，五官柔媚卻不失霸氣，美得十分醒目。我便明白，她那樣好的眉眼唇頰俱掛臉上，又配置得如此妥切得宜，便很難把自己次要下來，也絕難把自己的心氣低調下來。

然而，除了深究其五官輪廓和配置，我也發現，在那一臉春光明媚裡頭，有個地方出了差錯，不太對勁。定睛細看，原來是她眉心中央有塊地方向下凹陷，那凹陷遂和周遭的景色做出了反差。她的心氣極高，生人絕不能輕易識得她的穢氣，可即使她上了妝，語氣豁然開朗，仍無法粉飾太平。主要便是那眉心，那凹陷證明此地有劇烈的面部板塊活動跡象。一般來說，唯有被使勁蹙緊過，才會皺褶成如此深邃的谷地。

導演大概也發現了她面容中的這塊幽谷，明白林黛便是唐琪這角色的不二人選。唐琪這個表面上明媚活潑的女孩，卻同時是孤女、酒女、愛國志士，是個把各種悲情揉埋得特別深沉的女人。她能把愛恨與生命都明快地了斷，做到狠處，絕處，全是因她的至情至性。而這種至情至性最終傷害最深的，也只能是她自己。導演在幽谷裡發現林黛的唐琪潛質，然而，他大概萬萬沒料到，她那可不只是在戲裡做絕這點兒程度而已。

在林黛自盡前，其實我已離開《藍與黑》劇組。我和她的死擦身而過，只是記得很清楚，自己曾在那明媚風光當中，窺見憂鬱呈黑藍色調的蛛絲馬跡。

我記得離開前，導演陶秦和潘壘曾問我是否有意成為邵氏的基本演員。他們表示基本演員薪水一個月四百元港幣，當年我們拍一部戲不過就三、四千港幣，而這四百是月俸，把穩定也盤算進去，那不算少。然而，我來自異地，當把房租也盤算了，月俸便顯得少了。

於此同時，張英的信也在角力。他不斷祭出返鄉誘因，除了子龍思念母親，又說我一回去，他即刻安排我主演著名小說兼漫畫家李費蒙，也就是牛哥的小說改編的電影。他滿紙劇情多刺激緊張云云，語氣之興奮，我彷彿能看見他在海的彼端那口沫橫飛神情。

當時，高丹秋這配角我越演越悶了。看林黛演唐琪是如此投入走心，那主角的戲癮又犯上了。不消說脾氣鬧久了，早已經膩了。在多方權衡下，我別了邵氏，回頭跟了張英。後來，我聽說邵氏實有宿舍供基本演員棲住。然而，錯過就錯過了，和邵氏別過後後悔再來不及，只能轉念，心想大概我沒那大紅大紫的命吧。

民國五十三年七月十七日，我翻讀報紙，驚見林黛服藥自盡消息，在台北的盛夏裡，全身湧上的卻是一陣寒意。我恍恍惚惚，迷迷糊糊地想起《藍與黑》及許多電影裡頭，林黛那兩條長辮子晃呀晃的。想起她嬌俏臉蛋上宛若萬紫千紅花開遍，卻有一抹隱隱若現的藍黑色憂鬱。想起她的孩子，想起那孩子一歲半便沒了母親。

第八章

# 銀幕千面女郎也是台語片推手

**我知道沒這支煙斗，就沒有章曼莉**

我和林黛的死擦身而過，只見過她明媚臉上的那道深深哀愁。民國五十三年七月十七日林黛香消玉殞，不到一年前的民國五十二年九月二十二日，我自港返台。《聯合報》在我歸來的當天和次日分別刊出兩篇報導，說我準備主演《賭國仇城》這部電影，一旁則搭上我笑得燦然，可是人其實瘦削清癯的照片。那時去港拍的電影是藍黑色的，照片是黑白色的，報導中以文字補述我下飛機時的眼睛顏色，是黃色的。

其實，歸台的原因跟這雙黃色眼睛也有關係。在《藍與黑》拍到一半某天夜裡的回程小巴上，我開始吐，吐得瘋慘。司機見狀，拐了個彎，把我送去醫院。見到我這台灣女子嘔得掏心掏肺，其他乘客怎麼個反應我記不清了，只知道自己的身子忽冷忽熱，不斷抽搐。只知道原來人在異鄉得了重病，會連帶地產生併發症，病名叫做相思病。那天，到了醫院，醫生診斷我得的是急性肝炎，我自己則診斷出我開始想家，想孩子，想母親。

我在拍《藍與黑》時，不過就是個配角，沒可能給我安配助理，掛了病號後和片廠的緣分更淺薄。真要我說邵氏的規模多大，我只能泛泛地說他們搭景真行，要多豪奢華麗就有多豪奢華麗。如今倒是因犯肝病，有了個全新的觀察點——我得住院，他們那是二話不說，便把我上千元港幣的醫藥費全結清了。我想了想，若是廈語片或台語片的公司沒可能有這福利，這是大公司的作風氣度。

急性肝病來得猛烈，治癒沒花多少時間，然而這併發的思鄉病卻很頑劣，香港的醫生再高明也無從醫起。我返台時雙眼還黃著，人也還虛弱清瘦著，剩下四十公斤出頭而已。黃著眼睛還能笑得如此燦然，原因便在於相思病得解了。經這番折騰，再怎麼管不住的野馬，也心甘情願收斂撒潑的腿蹄。

其實我回來台灣時《藍與黑》還未殺青，我本來打的主意是接完張英的戲，待到出外景時再跟《藍與黑》劇組在日本會合。然而，最終那場溜冰場的外景戲，不獨我有事纏身不克前往，林黛也走了，換言之，邵氏一次得找到兩個替身才行。

我戲份不重，事情好辦，我說不能去，他們答應得爽快。林黛服毒自盡，留下兩齣主演的電影沒殺青，這才真叫邵氏亂了手腳。他們後來挖空心思找來一位和林黛在容貌身材上真有幾分神似的女子。她在那溜冰場上輪鞋一蹬，繞圈飛轉起來，形影撲朔，面貌迷離，諒沒人能辨清那是誰的粗眉大眼豐唇直鼻。

這個女子叫做杜蝶，她和林黛是小學同學。據傳林黛過世後，邵氏安排杜蝶到日本做了些「修整」，再以化妝術進行改造，更大版面、大動作地為她造勢，擺明了想把杜蝶捧成邵氏的「新林黛」。比起付我區區千元港幣的醫藥費，這作風氣勢更「大公司」了，能讓夭折的電影、過去的人，在大銀幕上找到新的身體，還魂顯靈。這可不只是風險管理得法而已，簡直神通廣大。每每想起，總讓我有三分畏懼。

民國五十二年九月二十二日我回到台灣，下了飛機，一雙黃眼睛看見張英帶著子龍來接機。我不是那種把孩子當心頭肉一樣疼惜的母親類型，大概是小時候父母做生意忒忙，沒分心多管我們，對孩子我也比照辦理。然而，不把他們估得過重了，絕不代表看輕。見到孩子，我的笑容既出自病體，也發自內心。如今問我最想回到以前的哪個時候，我仍會說是孩子還小的時候。

回來時，強颱剛走沒多久，台北被泡了三天三夜，滿目瘡痍，跟我人一樣都病懨懨的。稍事休息後，我預備接演由張英執導，趙之誠改編的台語片《賭國仇城》。其實這部電影的選材是我同張英提的，當時台語片編劇人才實仍欠乏，富有原創性的好劇本不是太多，張英每拍完一部戲，常陷入找無劇本的窘境。

我愛看小說，除了瓊瑤之外，當時常畫反共宣教漫畫的牛哥，也叫做李費蒙，他的小說和漫畫同樣受歡迎，我也愛看。他們挾帶的反共意識和情節我倒是沒多留心，只知道那小說情節有衝突性，我們戲子管那個衝突叫「有戲肉」。這戲肉讓我的心頭顫動，那是滿心想找人開發成電影，最好同時把我開發成主角，可這心事卻不知向誰說去。如今天天在大導演身側，張英求本若渴，又怕我拋家棄子扭頭就走，只敢順著我的性子，我藉機把邊鼓狂槌亂擊，好讓他把那面鑼正式地敲下去。

牛哥寫的這本《賭國仇城》，其實早在十年前的民國四十二年春季，便在《大華晚報》的副刊上連載，許多讀者去信催促發行單行版；同年冬天首刷萬冊，銷售一空，不到一個月再版五千冊，同樣售罄。十年之後還不時再版續刷，和《藍與黑》原著小說同樣熱賣長銷把書市佔盡。

《賭國仇城》背景設定在二十世紀中葉的澳門，說的是一名黑社會老大仇奕森的故事。這老大竟被自己的情婦章曼莉出賣入獄，獲釋後他回到賭城，要章曼莉還清血債，卻發現她已成了自己兒子的愛人，殺了她，等於殺死兒子的一片痴心。

我飾演的便是那心狠手辣、極有手腕的妖婦姘頭章曼莉。雖說我也愛翻讀瓊瑤，可要我演那類清純文藝、苦情哀怨的空靈女子，我便和女主角一般懨懨不來勁。我偏愛這類性格猛嗆，能算計，多面善變的女人，如此演來才能過癮。

在我好說歹說之下，張英終於決心開發主流悲情台語片之外的路線。他找來老夥伴，也是《大俠梅花鹿》的編劇趙之誠改編。不過事情說成了，卻見我動身又往香港飛去。可是這回去港，倒不是鬧彆扭耍脾氣，也不是對邵氏回心轉意，而是為了一支煙斗。

事實上，台語片角色的造型除了古裝或像是《大俠梅花鹿》那類特殊造型，多要演員自己打點設計，自費治裝。我對這事尤感興趣，常不計成本砸下重金，殫精竭慮，曠日費時打理。當然，也是找藉口滿足我高張的變裝癖和購物慾。接下角色後，我就開始在腦中勾勒著自己將成為的模樣氣性。我翻看手邊的時裝雜誌，參照小說裡人物描寫的筆法，把自己由裡而外地規劃著，直到站在鏡子前，猶如劇中人物活在眼前一般立體。

當我讀到章曼莉這女人時，我知道她外觀不能太素淨，必要給她添些風塵味。直接了當地說，她得有煙癮。可這女人遊走上流社會，只給她點根普通的菸，又顯得太髒，太小家子氣。我發現章曼莉得抽煙斗，而這支煙斗首先得像這個女人，她得比男人的煙斗秀氣，也得比男人的煙斗霸氣。另一方面，這女用煙斗又得像個小男人，玩物，讓她把弄於股掌之間。

我知道沒這支煙斗，就沒有章曼莉。揮別一臉錯愕的張英往香港飛去，我已經準備好演章曼莉了。我是章曼莉，即使大導演當前，也得順我的意。

### 別再跟風哭哭啼啼，婆婆媽媽哭久了也是會膩

到了香港，我踏破鐵鞋，終於找著一根和章曼莉很相稱的煙斗，是支可以伸縮，細長如麥桿的煙斗。當眉毛畫得尖長，眼角點顆痣，把煙斗拉長且引燃的時候，章曼莉就來了。《賭國仇城》全片的高潮，是仇奕森自地下道潛入逮著章曼莉，準備報仇的一幕。我還記得那場戲是在國賓飯店的地下室拍攝的，當時飯店尚未裝修完成，仍是個毛胚屋。我和田清在水泥柱林裡對峙，燈光一打，人心浮動，闇影幢幢，冤仇暗森森地爬長上牆，很有肅殺之氣。

如果說題材和煙斗是我找來的，這場景和氣氛則是張英張羅好的。台語片的產業環境不健全，可張英在兜攏各種資源，找到門路這些個方面還真有兩下子。該說他人脈廣，熱衷處理產官學界的複雜關係，除了對岸來的同鄉彼此互助之外，他的朋友三教九流，冠蓋雲集，黑道白道通吃。別看張英一臉喜慶，人憨厚老實，他平素的愛好可是做老大哥，遊

◎台語片《賭國仇城》

走江湖，四處喬些事情。

只要是跟戲劇電影有關的職務，當頭的，張英無役不與。他做過導演、劇團團長、電影公司老闆，幹過社會教育委員會電影檢查員、中影製片部經理、教育部藝術教育組主任，也當過戲劇協會理事長、政工幹校老師，還曾選過議員。當時他的助選員都是中影的電影花旦們，雖有群大明星簇擁站台，他仍高調落選。

我沒細問過張英，為何他特別愛展現那老大哥的闊氣豪情。他講情面，重義氣，慷慨，小節隨它去，常是吃虧了也覺得不要緊。張英做老大，那是和仇奕森亦正亦邪的路數完全不同。他這傢伙不受賂，不抽煙，不酗酒，隨便一喝就吐，我說這四川來的老大哥沒半分邪氣，只剩幾分諧趣。

《賭國仇城》上映三天，就破了台語片歷來的票房紀錄，賣了二十五萬。更有影評人這麼評論此片：「在台語片流行哭哭啼啼的悲戀，或低級胡鬧的笑劇的現階段，本片無論故事內容和編導的成就，都可以令人一新耳目。」這證明張英口中的「男人戲」還是有市場的。拍完《賭國仇城》，他又因找無劇本坐困愁城。可我卻見他手頭上分明有譜，那是他從對岸帶來的一部劇本，名叫《天字第一號》。

我把這劇本拿來翻看，心裡頭又是激動莫名，直想馬上開鏡演戲。這《天字第一號》是部民國三十五年上映的諜報片，由屠光啟導演改編自話劇《野玫瑰》。影片內容說的是日本佔領北京期間，眾情報員臥底於漢奸身側，藉此竊取機密，然而彼此不知孰為敵友。當時歐陽莎菲飾演漢奸夫人，她貌似愛慕虛榮，自甘墮落，實是深藏不露的豔諜一名。直至片末，她手刃漢奸夫婿後才表明身分，原來，這女人就是名動江湖，人人聞之喪膽的「天字第一號」。

天字第一號這女人冰雪聰明，工於心計，戲裡她不僅玩弄男人感情，還能左右國情。可她也為了國仇家恨，犧牲了女人自己的身體與愛情。這間諜對上間諜，一山高過一山，戲當中還有戲，讓人猜了又猜。謎底藏在片尾，全片懸念伏筆處處，峰迴路轉。當年《天字第一號》在中國上映大為轟動，更是把年僅二十三的屠導夫人歐陽莎菲捧得紅透半邊天。

我看了劇本，讀得酣暢醉心，喜歡的不得了，不斷地鼓吹張英拍，可他人臨陣又卻步了。原因是這戲的成本比《賭國仇城》要高，他仍怕「男人戲」在台語片的主要觀眾群，也就是主婦裡頭吃不通開，回不了本。他比拍《賭國仇城》還小心翼翼，把劇本拿去四處諮詢市調，一旦別人沒了把握，他也全沒了把握。

見他一個大男人優柔寡斷，躊躇未定，我只好又將角色顛倒，口沫橫飛地同他費盡唇舌，跟他分析台語片的幾波高潮都來自涉險創新。君不見滿場爆棚的大戲都是「第一」？不是首部歌仔戲電影，就是第一部王哥柳哥喜劇，或像我演的那藝妲乞丐電影？我同他說，別再跟風哭哭啼啼，婆婆媽媽哭久了也是會膩。

我邊鼓敲得緊，張英拿我沒轍，只得開始動員親友團，這回他找上杜雲之做編劇。我當仁不讓出演女主角李翠英。這一回，又和演仇奕森那位同台。田清這回演的是大反派，也就是漢奸陳兆群，而我是他的續絃妻，可最後他又死在我的手裡。只能說田清每次和我交手，都很倒楣，注定栽在美人計裡，我的手上。

除此之外，張英更找來柯俊雄。柯當年出道不久，是台語片當中少見臉蛋俊美，又有演技實力的小生。他飾演我的舊情人周凌雲，同時也是陳兆群的外甥，見了我，得叫聲姑姑。另外張英還邀來歌仔戲四大小生之一，後來跨足電影圈的柳青，演出周凌雲的新歡愛麗。換言之，這不僅是部爾虞我詐的諜報片，裡頭的四角情愛也是糾葛難解得可以。

杜雲之改編的《天字第一號》，基本上維持當年屠光啟與歐陽莎菲版的劇情主軸，無大規模的易動。可我又不安分了，不想只照本來過。我想起那幾年台灣連續上映的洋片《第七號情報員》及其續集，轟動非常。當時進戲院看了，不看則已，一看詫異。認識了龐德，我才驚覺特務片型根本是演員的福音。你看，在短短個把小時裡，一個人就能把各種身分穿脫，把許多人生高濃縮地活過。人生如是，那該有多刺激。

我便又把提案呈給張英，我也想在戲裡加戲，貪心得很。老少男女、日籍華裔，各種角色都想扮上一回。這一回張英倒是爽快地應允了，雖然他和杜雲之最終只以簡單鏡頭處理，沒細緻地編織進劇情，可還是讓各種角色一一出場亮相透氣。這中國抗戰諜報劇本和好萊塢特務電影，經我們這一混搭，催生的便是台灣製造的，天字第一號的，萬千變化的，正宗台語女間諜片。

我把底片一一排列好位置，只見這許多枚負片上有男有女，有老有小，有敵有我，有古有今，可通通是我。當時為了一口氣飾演這許多角色，我在劇本上寫得密密麻麻，鉅細靡遺，從衣裝到飾品，從妝容到髮型的各樣註記。如此一來，添購行頭有譜，自己權充場記，查找起來方便，才能天衣無縫地連戲。

我於是又往返台港兩地，成天拎著大包小包，跟個暴發戶似的。打一早百貨公司大門一開，我就大開殺戒。那是不到關門時間，絕不讓他們有提早打烊收工的機會。至於男子的衣裝，我多向清瘦的男性親友商借。我最記得扮那白鬚老翁和日本兵時，得貼鬍子，嘴上沾黏那幾根鬚鬚，吃食吐沫都不便利。鬚鬚的一端漿了膠水，人中及其兩側的皮膚因此給緊繃著，拔扯下來時，更常痛到噴淚。有道是嘴上無毛，辦事不牢，然而如今嘴上長毛，我只關心它貼得牢或不牢。

我和張英的房裡有一座大衣櫃，打開兩扇櫃門，其中一扇的背葉上有面等身的穿衣鏡。我常將自己關在房裡，把一個一個角色輪流穿上卸去。畢竟在上鏡頭說服觀眾之前，總得先說服鏡子裡的自己。

憑空想像角色並不容易，還是得有些參照對象。我曾去路邊偷看那擦鞋童的動靜，將他的動作誇大，以乖張滑稽的卓別林默劇方式表演。我曾拿祖父當範本，學那老翁走路，把背拱著，眼神老著，靜靜地微笑頷首，彷彿自己有和那年紀相稱的智慧。我也曾把高衩旗袍穿上，瑪麗蓮．夢露上身，只是下個樓梯，也費事地把自己的腰臀左擺右款，將預備調戲男人的前戲做足做盡。

至於那些有男有女，有老有小，有敵有我，有古有今的底片，則是在開鏡前拍下的定裝照。我看著自己在這些膠片上擠眉弄眼，忽男忽女，覺得煞是有趣，便將底片洗牌打散，重新整隊，不再分敵我國籍，只粗分為右男左女。

如此一排，竟給我排出了興致和心得。我在戲裡飾演那些多重角色還不夠，在戲外還跨刀美術設計，自己製作起《天字第一號》的宣傳品。以往片商多委請海報繪師陳子福出馬，他和顧毅都是大師等級，大夥兒那是天天捧著大把鈔票、兜著便當到他家客廳，通宵排隊就為了等他一張真跡。台語片當中，幾乎九成以上的海報都出自他的手筆，畢竟他一出手，就能讓電影和明星立刻有那好萊塢巨星大片的排場派頭。

我不會畫畫，也沒學過設計，可土法煉鋼地將這些相片橫著豎著排過，倒也不難看。排完後，我便委託印刷廠以照相製版法，把它們拼印成一張海報，再請各地雜貨店或戲院門口協助張貼。我打的念頭，便是把這片中女郎千變的造型變成話題，再讓話題發酵而為商機。

身為布店人家女兒，大概真讓我潛移默化出了顆商業頭腦。拼貼定裝照而為新式海報不算，我又變出了另一個宣傳招式。我們家在台視剛開播沒多久的民國五十一年，就買了台電視機。我發現電視節目間穿插廣告時段，靈機一動，想到每部電影都有那預告片，而預告片正是現成的廣告素材。又況張英跟電視台的人熟，我便鼓吹他除了讓預告片投放在大銀幕，也往那家家戶戶的小螢幕上放送。

當年台灣的電影公司還沒生出這觀念，大家的宣傳方式仍有些傳統，傳統便顯得徒勞。雖然隨片登台已漸漸式微，但還是常見踩三輪車的載個木構箱子，上貼海報搭上廣播器，把訊息以人力慢速推送到大家眼前耳裡。後來，當車速隨著交通載具的進步有了提升，

◎《天字第一號》

慢慢出現轎車和預先錄好的廣播，只是這種一票一票慢慢拉的作法，誠意固然是有，並不夠聰明。

我看準了電視廣告便捷省力，能有大效益，便把歪腦筋動到那些方盒子上頭去。現在想想，我該算是數一數二想到這花招的，所以還能搶得先機，以極低的價錢買到黃金時段。《天字第一號》之後，這種宣傳手法和電視都更普及了，想登電視廣告，再沒那麼便宜的行情，沒大把銀子是碰它不得。

《天字第一號》殺青之後，張英預備排戲院檔期。戲院老闆看了試片，大呼精彩，連國語片戲院都想爭取，那還不是一般般的戲院，而是像西門町新世界這樣的大戲院。我們便找人配了國語版本，雙聲道同步上映。

不知道是不是那些宣傳奇招奏效，我記得民國五十三年，《天字第一號》在新世界戲院上映的頭一天，進場時已人滿為患，人潮一路從戲院門口漫開到馬路對邊。當時沒有動線引導，大家自由排隊入場。那便完了，選擇自由的觀眾，絕對多於選擇排隊的。此時看電影得擠，得比兇狠，比蠻勁。弱肉強食的世界裡，被排擠的人流只好往萬國戲院、成都

◎《天字第一號》系列

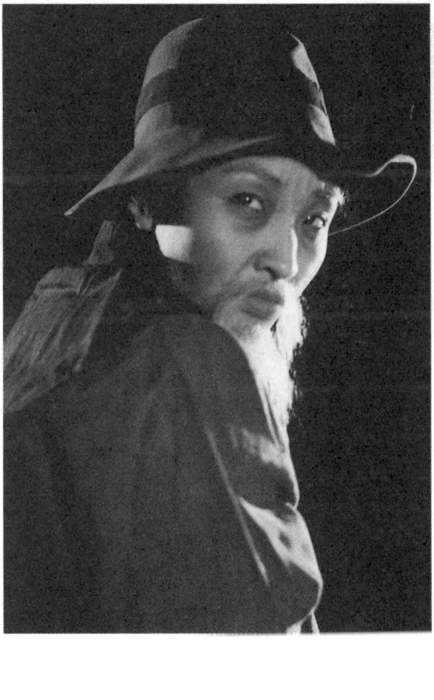

戲院的騎樓分竄。場外則有些小混混開始兜售黃牛票，洛陽紙貴，票價持續攀高。人聲鼎沸，場子熱燙，我的心也在澎湃。

接下來幾天我雖未喬裝，沒事也會一身便衣到場，暗中觀察。有時在戲院外頭晃一圈便走，有時也會在開演後悄悄往末排入座，卻不是看戲，而是在現場感受那些起伏的情緒。見那擦鞋童把臉抹上一道鞋油，觀眾噗哧笑出聲音，見我朝戲裡的漢奸獻媚眨眼，卻是對著銀幕放電，觀眾那是既痴迷又倒抽涼氣。許多反應都如預期到位，我便安了心。

我會在影片結束前走出戲院外，若有影迷發現我，驚呼叫喚，我便朝他們點點頭，示意知道了。若有人把電影本事小冊或明星照片遞過來，我便一一接下，仔細簽上白虹二字，然後快步離開。如今不必登台，遞送過來的是掌聲，或類似掌聲的東西。我卻恍然想起在大光明戲院那些飛來的瓶罐，想起那個六年前踉蹌登台，想辦法把自己穩住的女孩。

**劇情迂迴曲折老半天，到頭來，只有她贏的道理。**

「夕陽落日西黃昏／玫瑰花開小山崙／美麗的黃昏／引人心抱恨／引入黑暗的路痕／

開透的玫瑰花／令人愛你／你是對人表示／現在正是春天。」

這首名為〈玫瑰花〉的歌至今我能哼唱幾句，是《天字第一號續集》的主題曲之一。《天字第一號》首集轟動賣座，續集於首部曲上映不久後隨即開拍。正港台片女間諜李翠英三個月後又接到任務，只好聽從上級命令，捲土重來。

《天字第一號續集》的場景設定在民國三十年代，地點是遭日軍佔領的香港。這一次，李翠英主要的任務是到香港解救當地受困或負傷的同志，進一步破壞日軍防線及清鄉等屠殺行動。續集當中，我化身電台主持人，主持名為「香港玫瑰」的歌唱節目，在歌詞裡頭夾藏情報機密於空中播散。

而這些詞曲，多是張英所譜寫的。如今再沒有中國帶來的原版劇本，劇情全靠自己推敲演繹。他開始想方設法讓電影更豐富好看，在男人戲裡添些軟性橋段，遂有了歌唱的元素。張英其實頗有些能耐，編劇導戲不算，連詞曲都能信手捻來。只是他愛當老大哥不喜受使喚，想到只能藏身幕後純創作，他便悶了乏了沒勁了，因此多少錯失一些被拱為才子的良機。

除了把詞曲藏入玄機，續集當中，張英和杜雲之那是越玩越大了。他們兩人聯手設計，續集劇情主軸的諜報戲，還有副線的多角情愛關係，都比第一集更錯綜難解，虛實難辨。傳說中的對手一一現身，李翠英首先對上的，是歷史上真有其人的知名間諜川島芳子。川島芳子原為清朝皇族後裔，七歲至日本受訓。三〇年代，她暗中參與了九一八事變和一二八事變，組建滿洲國。二戰後，她與蒙古丈夫一同參與滿蒙獨立運動。民國三十六年，川島芳子以漢奸罪被判死刑，然而其遭判死刑，以及最終是否有人替死都成為火熱話題。

川島芳子這個背景複雜、身世離奇的女人，不是個好搞定的角色，張英找來李虹飾演。在我眼裡，李虹確實是台灣難得一見的女演員，她的戲路奇詭，尤其是演抽鴉片，醉生夢死的女人別有韻味。如今她演個大反派，咱倆對戲，雙姝心機攻防起來，那個滋味只能以痛快二字說明。

除此之外，重頭戲自然仍是李翠英在愛情與家國之間的選擇題。在日軍圍捕及川島芳子追殺下，翠英走投無路只能隱入半山別墅之中，幸得別墅主人林志成協助搭救，兩人陷入情網。林志成苦勸翠英放下一切，隨他遠走，從此退隱江湖，不再活於恐懼之中。翠英

◎《天字第一號》系列

動了情，動了心，左右為難不能自己。

然而，正當大夥往私情與國仇的痛苦抉擇裡入戲，劇情卻猛然一轉，讓林志成表明原來他是日本派來的反間諜。又當觀眾為癡情受騙的翠英不甘叫屈之際，導演又以剪接手法把事情全翻了案，倒敘翠英明知對方間諜身份卻佯不知情，那虛情假意技高一籌的實情。原來她一直都偽造情報，誘林傳訊誤導敵軍。

這一來一往，一男一女，一前一後的厲害角色對弈，李翠英仍是神閒氣定，多算敵軍一著，把劇本和勝券牢牢地握在我方手裡。觀眾多只能跟著劇情團團轉，懾服於李翠英頭腦之冷靜，手段之高明。把婆婆媽媽的哭啼，把所有國仇與家恨，都轉換為這女人大獲全勝的快意。

戲裡我和陳劍平扮演虛情假意、各懷鬼胎的間諜鴛鴦，戲外我和張英則繼續做那床頭吵，床尾合的歡喜冤家。續集上演沒多久後，我把張英的孩子又懷上了。與《天字第一號》一樣，都有了第二胎。懷孕期間我不再接戲，休息了近一年時間，鎮日又是斜倚在床沿上的貴妃。只是如今除了看小說之外，還多了電視機的選項，把無聊打發殆盡全不費吹灰之力。

待到民國五十四年七月六日，我產下二兒子芳舜。於此同時，我也被張英催著再回鍋演戲，因他想打鐵趁熱，連拍第三和第四集。當年我疏於經營媒體關係，都是張英在派發些內容給報社和雜誌作為宣傳材料。產子之後，他又放出些風聲，預告「天字第一號」將復出江湖。在電影之外，也要佈局，營造出人人爭相走告影壇盛事的熱度和氛圍才可以。

當年知名的影劇記者鐸音，在第三、四集將開拍時，發了關於我和張英的這麼一篇報導，名為〈綠葉配牡丹，苦中自有甘〉，副標是「張英白虹相得無間」。主要是張英受訪，他說我們夫婦倆同時是事業夥伴，這事有好也有壞。他先把好處說了，說好就好在他對我的演技優缺點瞭若指掌，能夠在劇本和鏡頭上為我截長補短；又好在討論劇情時，我常能給他些新靈感，還能把他寫好的國語劇本翻成台語對白。

然後張英接著把壞處說了，他先是自首說自己對別的演員溫柔得多，對上白虹便沒了耐性，老覺得「別人可以不懂，你怎麼可以不懂。」然後開始指控白虹，說此人會「使小性子，發脾氣，」有時甚至「到一邊哭了起來。」還說她「有睡懶覺的習慣。」

那篇報導裡，鐸音很專業，也做了平衡報導，來問了我幾句。我只平淡地說，夫妻相處，本來要遷就適應，沒有什麼不便的地方。就像吃肉時，他揀精，我挑肥，他吃肉，我吃皮，如此而已。

張英把好處壞處說了許多，我卻只說兩句。畢竟張英沒提我曾跟他如何冷戰、罷演，算客氣了。當時我和他不曾吵架，可冷戰那是常有的事，有時能冷戰月餘。見了他，我那是觸電一樣把頭扭歪過去，或眼神冷淡地把他穿視，像是眼前只有空氣。張英見狀，只好把聲量高著，對孩子發問去：「咦，怎麼來了個啞巴？」

至於罷演嘛，曾經有顆鏡頭我不滿意，張英卻不願再浪費底片讓我重演，我便使出大絕招，撒下狠話一句：「不讓我重演是吧？那好，後面全部不用演了。」只見張英換上好聲好氣，恭請大小姐留步，難得出聲吆喝大家來來來，NGNG，我們再來一次啊。

「玫瑰花開在黃昏裡，引人心抱恨，卻又愛你。」張英在歌詞裡藏幾句，報上說幾句就隨他去吧，反正冷戰還是得他破冰，吃食互補之外還是得順我的意。

我說這夫妻對弈，高來高去，就像演戲。只是我和張英這部戲，就跟李翠英坐穩了「天字第一號」一樣，劇情迂迴曲折老半天，到頭來，只有她贏的道理。

◎《天字第一號》系列

◎《天字第一號》系列

◎《天字第一號》系列

第九章

# 國台語雙棲的銀色夫妻

**當看起來佔盡上風的時候，別太得意**

《天字第一號續集》與芳舜都產下了，第二集拍完觀眾依舊捧場熱情，芳舜生得頭髮濃黑，眼珠溜大。事情都順心，家裡皆大歡喜，周圍的氣氛活像是給打了亢奮劑。

生了兩個孩子，拍了幾支代表作還不息影，這在當年華語圈的電影女星裡頭算得上罕見事情。有報導是這麼說的：跟白虹同時出道的女星，如柯玉霞、洪明麗、游娟，這些當年閃耀過的明星都「煙消雲散」了，而白虹則是「初衷未改」。

其實剛好相反於所謂的未改初衷，我那該說是自打嘴巴。記得許多年前受訪時，少不更事的我還曾信誓旦旦地說，一成家，本姑娘便會即刻淡出影壇。豈知真有了家庭，孩子接連出世，我發現自己壓根兒沒那息影念頭，更沒洗手作羹湯打算。能做個摩登潮氣的太太，我說過，主要是幸運，孩子有母親以及請來家裡的歐巴桑照料打理。

息影做個尋常婦道人家，生活單純，固然不壞。然而演戲，那可是我大半輩子最大的興趣。我能棄演李翠英嗎？不能。就像我不能放棄活得像我自己。

是以當李翠英又從張英那兒接到第三、第四個任務，雖才卸下肚腹重擔沒多時，已是摩拳擦掌攻防心計，躍躍欲試耍弄心機。不過，沉潛一年未再上戲，影壇的變化一如國際間的情勢詭譎難料，李翠英再涉足期間，已跟不上節奏。其實，這也是張英和編劇得了時間開發之故，那是把場景玩大了，諜戰戲的路子則越走越奇險，越偏鋒，直到特務二字幾乎同義於特技。

如果要我說「初衷未改」，到了這二十五、六歲時候仍沒改成的，便是我的憨膽。當張英問我，你能不能往山上騎車？我說能。當張英問我，你行不行往原野裡跳傘？我說行。如果說他把特務等同於特技，我便是傻傻把自己等同於那李翠英。

「天字第一號」第三集名為《金雞心》，呼應的是當初「第七號情報員系列」名為《金手指》的第三集。這裡頭，敵我雙方爾虞我詐，錄音鋼絲、書房暗櫃、仿製鑰匙的特種印泥等法寶輪番曝光，花招層出讓人應接不暇。

李翠英這次的主要任務，是要接近中偽省主席韓兆貴，取得藏身他宅邸當中的重大機密。她化身為平劇名角白牡丹，以演技和姿色對韓誘惑取信。猶記在萬歲劇團演《洛神》時，我小雞跟母雞似地跟著金素琴跑龍套，如今終於反過來是那讓人繞著轉的正旦一名。為了演好這平劇紅伶，還有片中兩個重要橋段——折子戲〈小放牛〉和《白蛇傳》當中的一段武戲〈盜仙草〉，劇組請來復興劇校（現今的國立臺灣戲曲學院）的創辦人，專攻梅派青衣，有「山東梅蘭芳」雅稱的王振祖教戲，還請來小陸光劇團八十人同台。

同他們那些練家子苦學身段，當真苦了自己。畢竟他們從小養成，台上一分鐘真要費個台下十年功，我上的則是速成班，花拳繡腿，非給行家看門道，只供大家看看熱鬧之用。然而，跟我同台的矮仔財那奇了，根本是天才，連練都沒跟我們練上幾回，登台卻架勢十足。當初我們在復興劇校排練，拍攝演出的地點，則是張英在淡水找的老戲院，有民初中國色彩，符合第三集從香港拉往上海的時空背景。

除了八十多人鑼鼓奏樂的平劇橋段，張英還找來三十多人的飛車隊，眼看又是個龐大陣仗。車隊裡頭有個叫做小黑的，就是後來飛越黃河的那位柯受良，他人雖瘦小可車技精湛，年紀輕輕已在三十人團隊穎脫而出。至於我，別開玩笑，不要說黃河或淡水河，除了超越自己，我可沒有能飛越過任何東西的能耐。雖然飛車是請替身上陣，可鏡頭近拍時刻，仍得親自下海。開鏡前，我是連張機車駕照都沒有，只跟大哥借了他的小五十在延平北路、天水路上駛來駛去，專門驚嚇路人而已。

開拍當天，我憑著那點兒也稱不上車技的車技，卻要在陽明山上把眼前的一台檔車催足馬力。當一個人連煞車都還不會，卻要在山上駕馭重型機車，那究竟是真威風，還是逞威風，在此不必解釋說明。我當時若是憨膽，張英就是好膽，他好膽起來，常忘了憐香惜玉，常忘了我除了是演員，還是一位人妻。

張英威風凜凜在山上領軍車隊，進行調度指揮若定，可卻沒申請路權，沒做交通疏導，沒加強安全防護。輪我憨膽跨上座騎，他仍好膽喊了開麥拉，我把油門催下去，他更好膽鼓吹我飆風逆行。

當他終於發現苗頭不對高聲喊卡，我已是脫韁野馬也似不知怎麼喊停。我驚覺左側是山壁，右邊是谷底，發現我不但沒靠山奔行，還直直往谷裡駛去。準備讓李翠英大顯身手的拍片現場，轉眼就成為嚇破膽的真人實境。就在我這脫韁野馬到了懸崖邊上時候，武行幾人手快眼明，才連人帶車把我給硬生拉回，這才免了尚未飛過黃河，已直奔黃泉而去的慘劇。

所以我說，當看起來佔盡上風的時候，別太得意。就像李翠英，以為自己贏了，以為活出自己，卻也常猛然發現，咦，怎麼荒山野嶺，四下無人，就你一個人在玩命。

**學會怎麼把後勢看俏，看漲，找回自己的憨膽天性**

然而，這麼撐著，虐著，總有些好事情。比方當年《天字第一號》系列攻進國語戲院，還是「新世界」這樣的甲級戲院，那在台語片圈真是難得的事情。苦等多年終於登上國語

◎《天字第一號》第三集《金雞心》

片院線的殿堂，張英和我那是比全台的台語片戲院爆棚還得意。我見那人群圈圈繞繞著新世界，說的都是國語，心底油然生出李翠英抗戰成功的快意。

除了攻上國語戲院的灘頭，我們也總算是攢下了一筆錢。拍電影，演戲，生活不穩定，不是勞心就是勞力，收入高歸高，可轉眼市場便慘淡冷清，個把月沒有收入也是慣見事情。我是商人家的小孩，見過家裡一夕之間垮倒，更親眼見過台語片、廈語片起落不定，不能不懂得以財生財，好捱過景氣冬季的道理。如今，有了這筆錢，有了兩個孩子，更是左思右想如何投資避險，置產安家才能放心。

當時心底浮起的，是小時候曾經住過，卻被阿兵哥搜走佔去的那座洋房。我想起小時候和兄姐在那大院子裡頭嬉鬧追打的畫面，想起七溶八溶還沒溶了了，也就是一還切沒被沒收之前，父親母親的少憂寡慮，歡天喜地。

所以，當看見那樣一塊地段佳，格局方正的空地，我便開始在上頭投影著光彩的往昔，那往昔也疊影著今日身旁兩個小毛頭好動的身影。我和張英說，不如我們買下某條街上那塊地，蓋個大獨棟，數層樓，自已住得舒服些，祖父爸媽都能接來一起，還能保本。只聽張英跟我說那不成，地這麼貴，買了就不必拍戲了。我於是又說我身上有二十餘萬，他只要貼補個七八萬就湊齊，戲還是能照常拍下去。

張英脾氣是軟，可耳根子硬。這回我又拿這置產的事情跟他冷戰，周旋，他照常低聲下氣，好話說盡，可一轉身，仍是把褲袋裡的錢通通往北投好萊塢倒灌下去。

張英和我父親性格極其相似，我怎可能讀不懂他的心思。表面上，他想的是打鐵趁熱，再撈一筆。可最最裡頭的心思，其實仍出自老大哥的性情，胳膊內彎時，不只想著安頓眼前這個家庭，還打著照顧對岸那得跟著排字輩的大家庭主意，更還有那群情義相挺、島上知遇的外省兄弟。他那是想舉家大夥兒都跟他一起嚐嚐拔得頭籌，抗戰成功，收復失土的得意。

張英生長於四川，操著故土鄉音；他曾去過上海，學會當地的海派豪情。可他來台灣拍台語片，卻始終不會說台語。他常跟我說要學，說這事好辦，每生一個孩子，便跟著孩子從頭學起，也就會了。可當孩子的台語都溜得很了，他還是逢人便搔頭說那老話一句，會聽不會講。問他買房子的事，他不是推說眼前有戲要開拍，得先周轉應急，就是同我說再等些日子吧，這電影賣了，買棟更大的給你。

戲拍在熱頭上，一路婦唱夫隨，夫唱婦隨，勇闖國台語市場，一兩部賠了小錢，轉眼又拍了部叫好叫座的，荷包鼓起的同時，咱的信心也漲滿起來。我開始專心賺錢，不鬧彆扭執意購房了，畢竟繼續冷戰下去，那廝也是嬉皮笑臉跟你瞎耗而已，還可憐了孩子居中傳令。我感染了丈夫的樂天氣息，學會怎麼把後勢看俏，看漲，找回自己的憨膽天性。

找回憨膽天性後，頭件事就是繼續賺錢玩命。在北投好萊塢蹬坐機車後座，跑片軋戲，通宵拼命，或跟張英去越南拍戲。去越南拍的那部戲叫《西貢無戰事》，可實情卻跟片名不一樣，西貢有戰事得很。

其實臨行前，家人朋友都知道越戰正熱，苦勸我不要去。可猶豫之際，偏巧給我看到一則新聞，新聞說的是，一個女人沒事在家，隔壁房裡有人尋仇，那廂提槍亂發，擦槍走火，她就這麼平白無故沒了性命。

我讀了報導，恍然想起多年前和小艷秋同台軋戲，演的那部《火葬場奇案》。除了被小艷秋激發演技，電影內容我記不清了，獨獨有個畫面怎麼也揮之不去。顧片名思義，《火葬場奇案》這戲勢得拍人送進火堆裡這事情，雖是演戲，這畫面還是成了我夢魘裡的場景。

當時我未滿十八年紀，見人在眼前化為一堆白骨，我驚醒在渾身冷汗之中，徹夜輾轉難眠。我不斷思索生命的來向去處，側身想過，翻身再問，一逕往牛角尖鑽去，不能自己。我苦苦糾結的，是既然最後不過爾爾而已，何苦來世間甘苦拚命。

我讀了報導，又再次領悟命運無常。於是便搭機自港轉越，仍去了戰地。雖然最後女主角不是我，我仍和劇組親身經歷當地夜半或天光時分的砲火四起，見良田一夕化為灰燼，屋舍轉眼俱成殘壁。

死是如此，生亦然，同樣都由不得自己。從越南回來後不久，我居然又懷上了。見過戰場上人命如螻蟻，外加軋戲跑片，身子特別虛，常一個頭暈踉蹌，就覺得自己要昏厥過去。因此去問過醫生，我這病弱身體，生了不會出事嗎？醫生說正因為母親體虛，拿掉孩子更傷元氣，萬萬不可輕舉妄動。

我不擔心自己身子虛，只擔心這孩子出世體質差，更覺得生命不由自己，何須讓他來人間受苦受難，而後不過又是整個地被收還回去。因此演戲時那是隨意蹦跳，也不像以前乖乖待產，根本蓄意拿咱倆的命開玩笑。

然而肚裡那位顯然跟定我了，來意堅決，更暗中保佑咱兩母子均安。待到臨盆時刻，護士問我想要男孩還是女孩，我說那還用說嗎？還未有後話，便痛暈過去。

陣痛產下方知是女兒，知是女兒，我眼淚啪嗒落掉下來，虛弱的臉上綻開笑意。還好她性子烈，沒退卻，天知道，護士知道，我多想要個女兒。早知是個女兒，我那是怎麼也不肯把她還回去。

**時代加快轉速的時候，我們沒得逆行，只能跟著轉型，奮進**

民國六十七年，張英要滿五十年紀，我則屆三十大關。生了三個孩子，通通得排字輩，芳堯、芳舜和芳瑜，堯舜瑜這麼一排開，真給自己生出了張家班班長的心理。為了伺候小皇帝們，我常去香港挑揀特殊衣料，做成男女款式三件，大家出門跟穿制服似的，心裡遂有只此一家，別無分號的神氣。

心裡神氣，產後卻更見體虛，常乏力眩暈，眼白沒事便濁黃成一片，時有肝病復發跡象。往日的這條野馬怎麼潑悍不起來，母親看了，急著把三個孩子抱走，連同歐巴桑一塊帶看，那三個孩子活像是有三個母親。

父親則在成天拚酒之餘，不忘於女星票選活動時私下為我拉票。其實我常覺得那不過是各家電影公司比賽灌票的遊戲，可一當選，只見他又搖著滿手印花跟我邀功，笑得忘形。乾爹還常從香港寄來人蔘乾貨，或直接帶來台灣給我補氣養身體。我那是同孩子一樣，也不只一雙父母而已。

至於張英，他不下廚，可說得一嘴好菜，老愛在我身邊說家鄉的母親手藝如何好，說川菜怎麼燒才正宗對味，說得我白眼

◎白虹的三名子女張芳堯、張芳舜、張芳瑜

後翻沒半點好氣，他才趕忙改說些無聊笑話為我舒心。可我偏有那不服輸的性格，非要把那花椒辣子使得得心應手，教他從滿嘴囉唆到只顧扒飯方休。

電視機來了以後，孩子來了以後，全家大小常圍著那方盒子看。看少棒，看群星會，看五燈獎，看得兩眼發直，看得忘了朝夕。我阿公真正逗趣，時代在變，他還是習慣看天相雲，給我們報天氣，活捉大老鼠，當作野味珍品。剛見到電視這玩意兒，他萬分驚駭地指著屏幕問我，怎麼人跑裡頭去了？我們哄笑成一團，日子過得很傻氣。

電視機不止癱瘓了我們一家，還癱瘓了厝邊頭尾的行動力，再沒人輕易挪動屁股，甘願從客廳移駕到影廳。國語片紛紛彩色了，閩屏了，學校開始只准說國語，大家又只管盯著眼前這方盒子。彩色國語片和電視機夾殺之下，我為台語片的黑白人生暗叫個慘字，危機意識也不能說沒長出幾分，卻懶洋洋地不想搭理。

天倫之樂滋味混雜，除了小孩還有柴米油鹽醬醋茶，加上不時摸個八圈和朋友抬槓，把日子和自己攪得渾渾噩噩，國事與事業雙雙懶理。說真的，人生有小確幸足矣，我真心喜歡天要垮下來也沒事似的，如今想來對那安逸十分懷念。人要安份知足，這想法有些過

◎張英與其子張芳堯

時，有點平庸，可說不定真是天底下最好的事情。

其實，我和張英都愛拍電影，我心底沒打算轉行喊停。張英常為軋頭寸奔走，你咒他怨他不置產，不給你當少奶奶，卻也見他一個老大哥的，為了拍片，搭公車啃饅頭也無所謂，拉下臉皮四處借錢都沒要緊。他常嬉皮笑臉地同我講，今天出門見了棺材，那是「見棺發財」，這下錢要有著落啦。聽他那樂天語氣，我只冷冷虧他一句，你做夢！沒幾天他興高采烈回來，還真讓他湊足了本金，那是又滿懷希望地拍電影去。

張英好大喜功，可倒是很講信用，說好六點回家吃飯，就六點回家吃飯，借錢更一定按時奉還。一旦有錢了，哪怕是小數目，他漏夜也要往人家府上送回去。只見兩邊呵腰軟身來去，彷彿借錢的人也欠他什麼似的。我跟了他，對他沒好氣，可見著他那樂天和衝勁，也只能跟了，認了，彷彿也欠他什麼似的。

民國六十七年，政府為了促進地方交通發展，下令停駛腳踏三輪載客車，也就是三輪車，人力車。大批車輛被收購，扣查，集體報銷，那殘骸裡頭也包含一台跟了我數年的載具。

那台人力車可別緻了，平素常見的俱是黑色車身，頂多改漆刷上墨綠色系。當時我和車行老闆這麼講，不如半租半賣給我吧？我說，這車漆成白色，罩頂紅色篷蓋，紅白雙色的車載著我白虹繞街逡巡，不就成了你們的活廣告？老闆聽了大喜，二話不說折價賣我，把那墨綠塗蓋上紅色白色。整台車像施了脂粉一樣，看上去百般媚態，也很朝氣。

如今人力車的時代過去了，白虹遊街示眾的時代也過去了，台語片的時代眼看著也要駛過去了。戲院裡換上寬銀幕新藝綜合體，台北街頭塞著出租車，我從嬌俏寶島姑娘，轉眼間已屆而立，孩子成群。時代加快轉速的時候，我們沒得逆行，只能跟著轉型，奮進。

張英的公司開始拍彩色國語片，首先改版多年前讓他拿下台語片金馬獎的《小情人逃亡》，我是女主角。好不容易認真轉戰國語影壇，演的卻是母親。當年台灣膠卷彩色沖印還很少人做，我親自將拷貝送往東京。然而，這台語電影改編成國語的邏輯似乎並未奏效，時代在變，眼下當紅的都是群星會歌星，比方說余天，比方說一夕爆紅的十七歲鄒族小姑娘，湯蘭花。

從東京沖片回來沒多時，轉眼間，我已隨張英跳上一台出租車。當時還沒有高速公路，

◎國語片《小情人逃亡》

咱們全台大街小巷去盲繞，去瞎轉，上達霧峰山陵，下至八卦台地。張英老得意當年提拔了一個余天，如今這麼揮金包車，全台兜轉，為的是翻找那隱身荒郊，藏於山野的另一株異草奇花。

這星探當的如偵探般鉅細靡遺，還真給我們找著了一個漂亮小護士，這小護士跟湯蘭花一樣濃眉大眼睛。她羞澀地點頭答應沒多時，回頭跟家人朋友問過聊起後，卻反悔了。說是護士工作穩定，演戲拋頭露臉又不見得是張長期飯票，家人不允。我聽了，心裡可惜又疼惜，疼惜她年紀輕輕，很聽得進長輩的忠告，也疼惜自己長到這個年紀，仍沒人跟自己說這一句不中聽卻中肯的話。

沒帶回異草奇花，籌備的彩色國語精裝大戲《牛郎織女》改為直接請來湯蘭花挑大樑，由早就女扮男裝上癮的我反串牛郎。張英自己作詞不算，更大手筆邀來曾仲影作曲，全片採用的是《梁山伯與祝英台》唱紅的改良式黃梅曲調，還請到當紅的美黛、劉福助、洪惠配唱。

除此之外，張英又找來做《大俠梅花鹿》禽獸裝的紅牌顧毅。這一回，不必在山上取實景了，顧毅啟用乾冰，鎮日朝台製廠狂噴亂撒出一片氤氳霧氣，營造那天上宮闕幻境。他又再搭造織女台、瑤池、南天門與仙翁島等，當然，為了那少不得的經典橋段，更大量使用喜鵲標本，築構出一座真能朝雙側分開，又能往中央併合的長橋。

牛郎我呢，則配搭上一條大水牛，我記得那頭大水牛的眉心到鼻尖上有撮白毛，牛的主人在現場指揮安頓餵食，牠聽話得若有靈氣似的。劇中的農曆七月七，我和湯蘭花分立鵲橋兩端，紫色帷幕上綴點著銀河，勾著一道乳黃色的彎月，喜鵲標本還了魂往中間合靠，老鷹喜鵲白鶴等活物在我們周身飛起。攝影棚裡像動物園似的嘈雜紛亂，然而請來的

◎國語片《牛郎織女》

特技攝影王濬拍下的，卻是童話夢境一般場景。

這《牛郎織女》當然得定在農曆七月七日和觀眾相會，我和張英於月前便赴香港剪接和配音。然而當這大製作好不容易完滿殺青，我心裡卻隱隱感覺有什麼事不大對勁，我跟張英說了我想把原訂機票日期改改，早點回國。

結果一回到家，只見阿公在大廳喘氣，沒隔幾天便走了。五天後，我的父親因慢性肝病，居然也跟著阿公走了。我長到三十歲年紀，還沒失去過親人，這一失去，卻走了兩個。我的世界登時像是崩了，垮了，我天天哭，天天食不下嚥，體重一下掉到三十幾。至於鵲橋的事，電影的事，再沒半分力氣去管，誰還要管，就讓他去管好了。

牛軋糖、手，還有紙都已經非常黏膩，包裝紙到處亂飛。

杏仁、巧克力、夏威夷豆等堅果輪流散倒，又彷彿倒帶般歸整到玻璃罐裡。瓦數六十的燈泡加速時間和菓物的融解。

杏仁牛軋糖done，下一個，蔓越莓牛軋糖。我把功成身退的杏仁牛軋糖塞進嘴裡，在它徹底融化之前。噢不，接下來是抹茶牛軋糖嗎。不好不好。我們先拍蔓越莓吧，不然夏威夷豆也可以。因為，你知道的，我覺得抹茶很噁心。

在年節之前，為了回饋阿姨的款待和受訪，說好了要幫她的菓物拍宣傳照。我找了PJ一起，一如我沒有專業寫書經驗，她也沒有專業拍照經驗。一如她沒有專業拍照經驗，我也沒有專業後製經驗。成團的標準很鬆散，僅「快樂夥伴」四字而已。因為，有快樂夥伴會讓什麼事情都容易一點。

事前，我們窩在淡水小房間裡，把頭歪來倒去，反覆苦思：欸，要不要買一組微型攝影棚？就是那種個人網拍賣家常用的陽春套組。就是大概一公尺立方大小，光罩裡嵌著弧形背板，兩旁設有夾式聚光燈，那種。

我們把滑鼠滾輪滾來滾去，手機屏幕滑來滑去，怎麼陽春套組淨是些動輒上千元的東西。快樂夥伴窮，窮則變，變則通。買不起房，了不起自己蓋一棟。我們開始翻找和拆卸自家裡瓦數堪用，便於攜帶的燈具。我們買木夾子，全開大小的紙，先買基本款，黑的、白的。

我鄭重其事地說，PJ，我想我們得買綠幕。人家電影做特效都這樣啊，我拿著綠色書面紙跟她這麼說。快樂夥伴看了看我，看了看綠幕，看了看螢幕。她飛快地用手機的計算機 App 把關費用合理性，嘴裡唸叨著，一張全開書面紙十二元。她說，綠幕可以，我們買。

於是乎，一整天我們都在那些黑紙、白紙，還有綠幕之上，殫精竭慮。我們費神開發新招，堆疊那些沒有顆粒外凸，卻有顆粒內嵌的，樂高積木形狀的東西。快樂夥伴拍照，我燈控，其實燈控就是抬舉光源的人肉腳架，阿姨當起藝術總監，興致高昂地。她說，堆高一點啊，這樣打光會有陰影吧？該從這個角度拍吧？要不要從這個角度再拍一張？

後來拍到有點乾。狗狗變不出新把戲。我們為了找配件，往三峽老街的十元商店裡人擠人去，那裡有出身貧寒，外型閨秀的器皿和竹簾。藝術總監活力十足，真正親力親為，回到社區後還興奮地拔摘中庭的一些花草。她四下打量後出手迅疾，勁猛臉曲，枝斷梗散。轉眼間，視野裡再無好花堪折。

她說，你們不拔我來拔，老人家拔比較不會被罵。她說，人家問我在幹嘛，我就說哎唷這個不能拔喔，哎唷我不知道，真的很不好意思，這樣。我不敢聽，我把頭撇過去。拔吧拔吧，我說阿姨。

拍照後製服務沒有計價，但有沒有算計不好說，有時候無私恐怕是在交換更大的東西。信任、感激、平衡，或者，秘密一類的東西。然而失算了，換來的，是依賴，是貪求，是嚐到甜頭後還想要更多。

於是原來說好的訪談時間臨時改成一起去送貨；於是邊包裝邊閒聊的下下策也被阿姨和客戶的熱線打斷；於是該準備打逐字稿的時間都在後製修圖和拉訂購表單。我的問題被懸置，她的許諾被延期。一次又一次地。

我曾經光榮地擔任座上賓的那個位子，現在堆滿了牛軋糖。事實上，那個腫脹的，顫動的，不安份的椅墊，不只是堆放著，根本是不斷地泉湧出大量的牛軋糖，連帶地噴濺出許多果仁，以及噁心的抹茶粉末。

我看著這些東西慢慢地漲高，淹沒我的腳踝，取代我的立場。我覺得自己像一塊沒人要的，正在解離的，乳化的東西。我侷促尷尬地黏在原地，感到自己的內核正在脫落。

我的身體如今被憤怒佔據，快樂夥伴試圖把果仁塞回我的體內。一次又一次地。可是我只是蠻橫地把它們抖落。一次又一次地。

你這樣很不專業，快樂夥伴說。

我把建議連同幾顆眼淚抖落在地，沒有說話。

阿姨在等你問問題了，快樂夥伴提醒。

我搖搖頭，只是賭氣，接二連三地把問題打在螢幕上。另外也補了這一句：我說不出話來，幫幫我，拜託你。

在英文裡，有一組詞彙叫做 passive-aggressive，直譯是「消極的攻擊性」。那些被我彈蹦抖落的果仁們就是我的武器。我不敢看，也不想看阿姨，但她回答快樂夥伴扮演真人版 Siri 為我讀唸出的問題時，聽起來很委屈，很小心翼翼。那聽起來，像是不知道自己做錯什麼了，可是又知道自己做錯了什麼，而且生怕再做錯什麼。

那聽起來，像是一塊黏呼呼熱騰騰的東西，忽然沒有了附著的對象。像是剛剛從美夢中清醒，發現自己不僅不在世界的中心，甚至發現自己不在對方快樂夥伴的定義裡。她的聲音越來越小，發言越來越無力。洞洞地，空空地。像是再一次殘酷地知覺到，自己的狀態終究是獨居。

我們把綠幕撤下，行李扯走。我們的頰囊裡塞滿果仁，像是要長久地遠行，無有歸期。阿姨見狀，只是忙著將更多糖果放進夾鏈袋，不斷地推到我們手裡。

「我一個人住，糖果太多也吃不完，」她堆著滿臉笑說，「哪，都拿回去。」

就在我們大包小包調頭離去之際，身後又響起了有氣無力的噓噓聲音。

# 頂風

妖姬●特務●梅花鹿——白虹的影海人生

第十章

# 奔走港台影壇的女打仔

**我便從他皮鞋的光亮裡，瞧見了一絲絕處逢生的機運**

父親和阿公過世後，整整一年時間，我人頹靡委頓，做啥都有氣無力，只是急切地把世間生死拿來反覆問自己。《火葬場奇案》人化作白骨的場景夢裡頻頻閃回，我又在自己的哭喊中夜半驚醒，驚醒之後，常怕同樣的畫面再度上演，所以不敢睡。

張英畢竟長我二十歲，多看過起碼二十年的生離死別，見我夜夜不能安睡，他只是握著我的手，說：「人走了就是走了，這是為人必經的過程。」到了白天，我仍蓬髮垢面，不成人形，不想吃食，連孩子也無法照料妥切，所有事都散亂成一堆，只剩一顆心常悶著緊著。張英見我魂不守舍，仍是把我的手握實，陪我出門曬點太陽，驅趕晦氣。

然而，在我不管事，無法管事的這段時間裡，張英陪著我，卻沒和我說其實他也不好過。到我終於走出陰霾的時刻，才發現身邊那位的頂上竟也浮著愁雲慘霧。原來《牛郎織女》砸下重金，陣容黃金，氣勢磅礴，市場卻慘淡淒清。不消說台語片已整個垮下來，幾乎再沒聽說誰還能賺錢回本，跳票跑路情事倒是時有所聞。六〇年代末期，張英賠了許多錢，事情終於到了不是賠個兩三部，軋個頭寸，再拍一部就能東山再起的節骨眼上。

只見平日粗神經的張英一反常態地死氣沉沉，老是被他逗樂的我一時之間卻不知怎麼為他分憂解勞，只能大火快炒些老辣的川菜給他解悶，出些餿主意。然而連日不見事有轉機，士氣益發低迷。直到一天夜裡，一個叫張徹的找上門來，他一跨進咱家廳堂，我便從他皮鞋的光亮裡，瞧見了一絲絕處逢生的機運。

張徹在民國五十六年拍了部《獨臂刀》，捧紅了王羽，更掀起台海兩地新派武俠狂潮。他和胡金銓把武俠類型徹底拍熱了，一時間市場上充斥的盡是豪客俠女。《獨臂刀》之後，張徹的《大刺客》、《獨臂刀王》更是部部叫好叫座，連我的老朋友林沖都因他執導的《大盜歌王》紅遍香江。張徹此刻正是邵氏身價鍍金的當紅炸子雞，時有「張百萬」別號，這號人物居然現身我家客廳。

那雙光亮的皮鞋才剛踏離我家門檻，我便湊上張英身邊發問，我說大導張徹人好端端地怎麼會出現在我家客廳？你和他究竟是什麼關係？一問之下，方知張英和張徹二人交情當真不淺。民國三十八年，台灣自製的第一部國語片《阿里山風雲》就是由張英導演，張徹編劇。當年他倆隨上海國泰電影公司外景隊到台灣，不料來台沒多時國共開戰，上海淪陷，二人自此再無法返鄉歸去，國泰外景隊成了駐留台灣的第一批影業生力軍。同是天涯淪落人，相偕渡過身世飄搖情境，我常覺得張英和那些哥倆好之間有我不能解得，但始終豔羨的，風雨同舟的友情。

我想了一想，便和張英獻計，既然你和他有這等交情，何不問問能怎麼突破困境，港台合作可行不可行？張英聽了，便去同他情商請益，張徹建議張英轉往香港發展。彼時張徹和邵氏仍有合約關係，雙方不能在檯面上公然合作，可二人畢竟是舊識，我方又同他講定事成分紅，張徹便同意暗地裡投資，出些主意。

投資牽線之外，他倆更掐準時機，共商對計。知道片商今日要來，張英便請張徹「湊巧」到片廠走動走動，以示雙方合作真有此情。片商見張百萬現身，如吃了定心丸，二話不說出手下訂。這戲外戲由兩位張導齊心合力編導，也是精彩至極。

六、七〇年代之交，張英隨張徹去港，創設了南海電影公司，打算在亞洲好萊塢重整旗鼓。眼見武俠電影狂潮正熱，想借力使力，止水揚波。至於我呢，也沒閒著，大概是夫妻連心，就剛好也給我來了個重出江湖的門路和機遇。

民國五十八年台灣第一部連續劇《晶晶》開播，由新人李慧慧飾演晶晶，我當年的藝專同學劉引商則演晶晶的母親。這戲的背景是國共內戰導致兩岸隔離，對岸動盪情勢下母女先後逃出大陸來到台灣，費盡千辛萬苦尋找彼此，幾度交會卻又不斷錯過，終於重逢的故事。

雖說當年這連續劇還稚嫩青澀得可以，大時代至親錯身的故事固然催淚，連日老調重演也是讓人看得有些麻痺。可中視看準的是大家首次追電視劇，人都還在興頭上，不懂得也不捨得嫌棄。這連續劇開播造成轟動不算，那是一口氣播了一百零二集。

自此台灣正式進入連續劇時代，電視台見開發一個題材，就有連綿不絕的商機，猛然想起還有大批講台語的鄉親還沒照顧怎麼可以。至於台語連續劇演員哪裡去尋？當然把那熱切的目光往台語電影圈裡掃去。電視週刊上報導「白虹加盟中視」，老天爺真肯賞我飯吃，這碗飯我可是在還熱騰騰的時候，無有時差地，躬逢其盛地，捧上了。

雖然先是加盟中視，這之後，反而是在台語片小生石軍引路之下，進了民國六十年剛開台的華視，成了開路先鋒，成了基本班底。我在華視頭一部獲邀主演的台語連續劇《燕雙飛》，不是別的，便是在風頭浪尖上的武俠類型。

我提不起勁做事，不再從影一年有餘，捧著眼前這碗熱飯，好不容易又喚起久違的激情，那是再不敢隨意擱下。於是別過張英，雙燕兩分飛。張英隻身南海，摩拳擦掌，躍躍欲試；我留守台灣，沒來得及閉關練功，已硬著頭皮提步上陣，鬥得不可開交。張英那幫練的是少林絕學，我則設法速成武當派拳腿和劍法，再混搭上歌仔戲武生的身手套路。

經歷六〇年代末的消沉，我和張英於七〇年代雙雙復出，再闖江湖。這一次，咱們從國台語影壇同枝雙棲的銀色夫婦，到各擁門派，分別踏上緊張刺激的武林異路。

**電視台初開之際，現場情緒緊繃，人人壓力破表**

青衣俠客頭頂草帽，輕功快步竹林之間，綁腿布鞋踩過土石落葉，幾不作聲。林葉盡處天光重現，天光下有危橋，危橋下有激流，他的身後則有追兵四五。少俠止步轉身，褪去草帽，長劍出鞘。原先那是曖曖含光，深藏不露，此刻劍身和嘴角雙雙亮出犀利的鋒芒。

見其眉目神采，追兵紛紛倒退兩步，不敢輕舉妄動。少俠身陷危境，反倒閉目養神起來，那是在心底勾繪殺出重圍的路徑。當風行過遠方竹林，當掀起過的譁然都歸於寂靜，不知是誰率先發動暗器。少俠雙眼未啟，聽聲辨位，側身閃過。然而暗器仍劃破頂上束帶，使其長髮旁落。眾人見狀面面相覷，心底驚呼：居然是個女人。

連續劇《燕雙飛》的外景隊拉到竹山之上，我飾演的青衫客朱無雙原為明朝的長平公主，因佞臣賊子作亂，魚肉人民，女扮男裝江湖行義。此刻劇情正發展到追兵環伺，女紅妝身份洩底的高潮，導播李英居然突然喊卡，可卻不是誰的演技出了問題。

原來後頭劇本還沒編完，不只觀眾，那是沒人知道再來少俠命運將如何。這關口上，得等製作人，同時也是飾演男主角左劍飛的張宗榮現場說戲。張宗榮邊說，編劇一旁提筆速記，下一場的劇本一寫就，馬上分發給演員，火速拍完後直接送剪。

華視剛開台時，節目存檔不夠，連續劇那真是連續不斷，馬不停蹄。當時是誇張到觀眾已在方盒子前守候，等著跟唱那片頭曲一連三次的「燕雙飛」，咱們才在播出前一刻殺青，前一秒定剪，那種程度的緊張刺激。

戲趕成這樣，當然沒五年十年給你閉門練功。劇本入手瞬間，不做他想，只是揮刀斬斷紅塵雜念，彷彿世間只剩自己和眼前那疊東西。畢竟，幾刻鐘裡，這劇情不只是要生吞強記，還要得其精髓要義，一出口就得招熟力猛才是實力。

周圍環伺的導播、戲劇指導、武術指導、製作人等俱是殺氣騰騰的追兵，此刻若要殺出重圍，無有其他，唯有靠那狗急跳牆的爆發力，天高的悟性。還好台語片出身的演員各個老江湖，身手不凡，我看根本都是百年一見、萬中無一的練武奇才。

至於現場說戲的製作人兼男主角張宗榮，他更是奇才中的奇才。他雖非台語片演員出身，可小小年紀就做電影辯士，其後加入黃志清廣播劇團，主持「武俠天下」節目，好武成狂。十年餘日子裡，他天天進電台閉關，一次連錄十小時，十年磨成一劍，嘴上功夫已達爐火純青境界，每日聽眾保守估計有兩百五十萬。進電視圈前，他已是名動江湖的廣播巨星。藏鏡人走到螢光幕前，竟也生得瀟灑，便宜佔盡，就壞在那脾氣。

張宗榮的腦袋裡有個武俠世界，源源不絕的故事題材在那裡醞釀上演，放眼江湖只他一人有這等能耐，那是廣播電視圈的金庸古龍一般。此人當然狂心傲氣，不可一世，凡是跟他合作過的，都領教見識過他的脾氣。我有過，後來的帽子歌后鳳飛飛也領受過。

這就得回頭說到《燕雙飛》的劇名，這三個字，實來自我朱無雙的「雙」字，張宗榮的左劍飛的「飛」字，以及另一名女主角柳上燕的「燕」字，而這個柳上燕就是鳳飛飛主演的。當年她剛以林茜的藝名出道，沒什麼演戲經驗，被張宗榮找來，才起了後來這個響亮的藝名，當時的電視劇主題曲就是出自她的嗓音。

當年電視台初開之際，現場情緒緊繃，人人壓力破表，焦慮得喘不過氣。有一回殺青在即，火燒屁股，張宗榮卻好巧不巧卡關，對劇情怎麼發展一時拿不定主意。他焦急地問我，接下來這樣如何，我說不好。他想了一想，又煩躁地衝著我再問那樣如何，我說不妙。他聽了沒好氣，破口大罵你又知道什麼？我聽了滿腹委屈，我是演戲的又不是編劇，登時再沒吭上一句。

我給他飆過這麼一次已是心裡有氣，因此印象猶深的，便是鳳飛飛當年人還很生嫩青澀，不若其他資深演員老練，動輒得咎，常被張宗榮罵得狗血淋頭。可我從沒見她哭過，怨過，放棄過。給謾罵數落時，她只是靜靜地聽，改過重試，不行再來。她面對左劍飛的蠻橫無理，如劇中凌波仙子柳上燕輕盈化解危機，比我這青衫客還要沉穩冷靜。我心裡暗想，這女孩子不簡單，有一天該能成大器。

演電視連續劇沒有太多喘息時間，跟電影大開大闔的節奏完全不同。可是連月連日連串著這樣演，情緒不會被截成碎段，更要全心全意地進入角色的生命，演起來真是過癮。信件雪片般飛來，對象都是青衫俠客朱無雙，說你聲音磁性，對你的武功英氣傾慕以極，你真活成了角色本人似的。

《燕雙飛》戲裡戲外都打得火熱，從原定二十多集往上追加至三十五集，讓華視以閩南語武俠連續劇收視稱霸三台。有了這群百年一見，骨骼精奇的練武奇才加持，成功打下一片大好江山。一開張就氣勢如虹，當然趁勝追擊，我因此又獲邀接演了另一部閩南語俠義劇《兄弟英豪》，此外也演出國語諜報連續劇《毒鴛鴦》，扮演風韻猶存的舞女大班。

同時軋三部戲，國台語聲道之間切換來去，一下做英氣逼人的俠女，一下媚態萬千周旋於男人之間，當年電影裡的千面女郎又再度上身，戲癮整個復出江湖，那是不吃寡睡仍亢奮莫名。

我記得有回一個女星闖進道具間，想在堆滿衣物的沙發上歇歇腳，一坐下，卻發現壓在個男人身上，登時嚇得花容失色。原來那堆衣物下方青衫俠客正在補眠，他轉身過來眼神迷濛，笑容豪邁，安撫那小姑娘的語氣裡，有睡意，也有俠氣。他是這麼說的：「免驚，我是白虹。」

**沒認出眼前這位時髦太太，就是方盒子裡的那個俠女**

華視開台的草創初期，戲多演員少，一段時間常得接不只一部戲，或者該說我們有機會便想方設法軋戲。畢竟基本演員底薪不高，才三千塊而已，可是除了底薪，電視台會另按實際演出集數給酬勞。當時電視演員沒分行情高低，主角配角，大牌小咖，中視華視台視一律公定價，單集都是七百元整。一天最多可以跑個七、八集，拚點命，不到一天的收入就能超過一個月的底薪。

張宗榮人雖狂傲，卻很念舊，一有新戲，首先想到的仍是陪他打下江山的老班底。後來，我又接了他的《俠士行》。通宵拚命這事我在行，軋戲跑片的劇情我熟悉，未免驚嚇他人，我不再戀棧道具間的沙發，索性自己添購一張行軍床。如此一來，等戲空檔免排隊，隨時能倒臥補眠。

不能安睡之外，電視台連個簡易的淋浴間也沒有，洗頭洗澡都成了奢侈事情。遊走江湖遠不如蝸居家裡安逸，有人覺得這日子不是人過的，我過起來倒是挺愉快的。這日子就愉快在記誦劇本的時候，難忘的事便忘了；你死我活打打殺殺的時候，難過的事就過了；想睡卻不能睡的時候，失眠症狀也已不藥而癒。

然而張英在香港，我在台灣，夫婦鎮日隔海飆戲，三個嗷嗷待哺的幼子只能交給歐巴桑打理。一天夜裡我難得回家，卻見女兒大哭不止，我說這是怎麼回事，歐巴桑說孩子看到電視上你被別人欺負，看得著急，放聲大哭，怎麼喊也不聽。我人都到家了，這小姑娘還是哭個不停，似沒認出眼前這位時髦太太，就是方盒子裡的那個俠女。

抱著芳瑜，見她腫了眼睛，嗓子也啞了，又是好笑，又是心疼。我先是柔聲說：「沒事了，沒事了，你看媽不是好端端地在這裡？」又壓低聲音，換上少俠語氣，給她通報好消息：「壞人已經被我通通殺死了！」聽我這麼一說，她終於止住了哭聲，換上了睡意。真是哭累了吧，只見她昏睡過去。當晚我抱著她睡了一夜，感覺已經好久沒有睡得這麼香甜。

心裡雖捨不得孩子身邊沒了母親，然而家裡經濟不穩定，好不容易捧上熱飯，又能過足戲癮，也是擱放不下。兩端都無法割捨時，我索性把孩子帶到電視台玩，讓他們跟《俠士行》裡飾演錢多多的童星林小虎刀劍來去；或看我演的沈如虹雙辮短刃，與任君飛纏鬥；或在手持摺扇的錢來也相救之下，再度瓦解危機。

華視剛開台時，還沒有許多規矩禁忌，我甚至拉孩子潛入導播室。其實拍完《天字第一號》之後，我就對導演一職頗感興趣，自認演而優則能導，又常看張英取景分鏡，心想這難不倒自己。我也愛溜到剪接室看剪，對戲的節奏順序有些觀察和心得，真心覺得我來當導演萬事齊備，只差不會編劇。

我曾跟張英提起我的導演夢，他只是撇撇嘴，語帶輕蔑地說，你不行。不知他是疼我，要我專心演戲，還是瞧我不起。連製作、票務一類事情，他都不要我管，不要我插手費心。

如今電視台導播室沒人攔著我，平日我就愛溜進去瞧東摸西，一會兒監看錄放影機，一會兒用對講機指揮攝影一號、二號。然後再跟一旁空氣說說話，假裝正在後期剪輯。做不成女導演，先做女導播大夢過過乾癮。

當年電視台裡真有個知名女導播，她叫陳小玲，後來當選年度十大傑出女青年。有陣子常被圈內人戲稱為「女暴君」，民國六十三年大為轟動的《包青天》就是她擔任導播的。她的導播功力不讓鬚眉，鏡頭處理得乾淨流利，漂亮大器。我和她合作多次，知其性格豪氣爽快，和我合拍，私底下二人也有不錯的交情。

民國六十一年，陳小玲和擔任國語武俠片《保鑣》的編劇兼製作人陳明華，邀我去演

《風火雷電》。這戲的類型很奇特，是一部閩南語猜謎連續劇。這部戲說的主角是個行蹤飄忽的俠義之士「一陣風」，卻讓宵小之流聞之喪膽，百姓傾慕相語，官府頭疼不已。所謂猜謎連續劇，就是故意不講明這「一陣風」究竟何許人也。

除了一陣風，劇中還有烈如火、一閃電、一聲雷，外加一雙不速客和江湖客故佈疑陣，並邀請粉絲來信互動，破案解謎，炒熱話題。這戲有懸念，有衝突，製作人更安排我一人分飾雙角。這雙角性格對立，我一聽便知這戲演來過癮，已是風風火火準備開演。我判斷這齣劇若演好演成，當能繼章曼莉、李翠英、朱無雙和沈如虹之後，帶我再攀向另座事業高峰去。然而，這攔著我，壞了我好事的，不是別人，又是張英。

張英的南海電影公司新戲《方世玉》在香港正要開拍，要我趕緊過去，接演方世玉的母親苗翠花。為了去演個徐娘半老的母親，要我放棄一人分飾雙角的重頭戲，我心裡還真是千百個不願意。可若是淨捧著自己的飯碗，卻不去捧張英籌備已久的新戲，打算在香港東山再起的場子，他雖是好好先生，這一回準要大發脾氣。

苗翠花畢竟是清代少林五老苗顯的女兒，方世玉的母親，身手自然不凡。此行一去，不能即刻開拍，得先從武功學起，如此一來，勢得待上好些日子。我和張英想了想，決定讓兩個大的男孩到香港讀小學，芳瑜年紀還小，只好讓她和歐巴桑先留在台灣。

方盒子當中說閩南語的那位帥氣少俠，搭機去港，成了大銀幕上說國語的資深女打仔。這銀幕一闊，小方塊裡套招比劃的作戲情事便被放大了，露出馬腳了。張英要復出江湖，自然不允許發生這種丟人現眼的情況。這回他可是玩真的，他找來的不是一般角色，是香港武術界赫赫有名的劉家榮。

劉家榮是劉家良的弟弟，後來二人還收了個義弟劉家輝。劉家班是當年全港四大武術班底之一。劉家兄弟從武師做到演員，再到導演，風光了好些時日。他們學的是正宗南派功夫，據傳是洪家拳的嫡系傳人，黃飛鴻的曾徒孫。六〇年代兩兄弟開始在片廠做武師，還常在張徹電影中露臉。

劉家榮給請來了，苗翠花自然片刻不得怠慢，火速去港同他拜師學藝。其實說是拜師學藝，也不過是練些基本招式而已，像是對方打過來你先怎麼防，然後如何轉身再應。可真功夫顧名思義是真的不是假的，本不是幾天能練成的，不然武師怎得如此吃香，當年何以身價倍漲？

我又不像張英挖掘的男主角孟飛，自小就有些功夫底子。拿出我的履歷，只有電視台個把月拳腳經驗而已。因此，我那是還沒練上幾回，給劉家榮這麼輕輕一推搡，手臂已浮腫起半個鴿蛋大。臂上隆起個鴿蛋，我也沒敢和武師說，不想叫痛，只是摸摸鼻子，抹去眼淚，繼續負傷挨打。另外暗中求醫，擦藥熱敷冰敷，自我療傷。

晚上回到香港柯士甸路上的居所，我常是一邊搗著揉著那顆鴿子蛋，一邊委屈自憐起來。先是想起朱無雙出鞘的長劍，想起當年光套招比劃就能迷煞師奶，坐收雪片般飛來的愛意，豈知如今淪落掛彩負傷卻無人聞問的苦情？再又瞎猜如今「一陣風」角色換誰演去，劇情又風風火火發展到了哪裡，若我來演該是怎樣風光得意？

如此輾轉反側到了深夜裡，還是惦著女兒，惦著她如今盯看電視再看不見母親，會不會還是心裡著急，會不會還是長夜裡一把鼻涕一把眼淚地睡去？

上｜閩南語連續劇《俠士行》

下｜閩南語連續劇《燕雙飛》

側記 D

## 太陽底下

我不知道鳥屎也有橘色的。

連續好一陣子，我都只穿白T。穿白T是為了處在無風格的零度，順利融入所有現代風景，不動腦也不致被說穿搭NG。然而，從嘴角走漏的菜葉和咖啡漬卻標誌著：此人的思考和狀態不只停在零度，還達到負值。

今天的我照常穿著白T，在烈日下前行。我龜步走在往T大圖書館的椰林大道上，胸前別著一小塊咖啡漬，後頭駝著背包。太陽就這樣一直在頭頂上，像是事情從來都沒有進展似的。

我一邊走，一邊想起阿姨，想起她幾乎不曾染患過這種現代病。當我天天以造型具現當代魯蛇的精神空虛，阿姨好像還活在五、六〇年代趕場拍戲的日子裡。我幾乎能想像她吹著氣音口哨，很篤定地往城市哪裡邁開大步，或又起個大早，在股票市場裡衝鋒陷陣，闖進殺出。

要八十歲的人啊，還那麼匆忙，那麼不假辭色地，入世著。我想起每次跟她走路，都感到她生命的風生水起。

如今我獨自在烈日下走著，像是不曾前進似的。途中唯一的變化，是咖啡漬突然有了鳥屎為伴，橘色的鳥屎。在這之前，我也被許多鳥屎飛砸過，可是直到今天，我才知道鳥屎也有橘色的。

我當機立斷朝共同教室的廁所走去。我旋開水龍頭，把拭手巾打濕，費勁揉擦，衣物頑垢消滅不成，我索性取出遮瑕膏壓蓋臉上的斑痕和眼袋，同樣不大成功。

我狐疑地盯著鏡子裡的傢伙，欸，你都幾歲了，事情都沒有進展，這樣下去真的可以嗎？

我想起之前跟阿姨一起在廚房裡時，她切菜，我洗碗。水溫忽冷忽熱，對話斷斷續續，她冷不防插入一句：「欸狗狗，我有一個朋友，他離婚後單身很久了。」聞言，我手一滑，好險雖沒接住話題，接住了盤子。「很乖。」她動用了她形容詞庫裡讚美晚輩人格的最高級。

不會吧，我心想。這語氣好熟悉，我媽最近打電話來時，也老是把話說得這麼溫柔，這麼小心翼翼，「妹妹啊，週末有沒有空啊？」可是她們越是小心，越讓所有的好意都顯得不懷好意。

阿姨自己把話接著說下去：「是沒有很年輕啦，五十多歲，你現在可能不會喜歡，」她頓了頓後補充，「但過了一個年紀，這種年齡差異就不是問題。」

我不敢聽，我不想被提醒主流的劇情應該如何進展云云，更不想搞懂在她們心裡我的滯銷，從何讓她們獲得清倉的權利。

如今這傢伙臉上掛著眼袋和斑痕，身上別著鳥屎和咖啡漬，不直接下架處理，勢必引發客訴。我重新上路，太陽底下除了天外飛來一筆鳥屎之外，沒有新鮮事。

不像那個時候，還有一些。

那個時候，除了忙商品出貨和婚姻仲介外，阿姨還常傳來訊息：該回娘家囉。那個時候，比起訪問，她更喜歡拐我到處嚐鮮。圓山煎包完，三峽老街薑湯豆花。大稻埕魚丸湯完，中原街清粥小菜。鶯歌垃圾麵完，三重土窯雞。這些老字號都已經熬過了過時的壞年冬，重新時髦了起來。

那個時候，我和快樂夥伴還很快樂，阿姨曾邀我們一起去泡三溫暖。我記得我們在各自的淋浴間裡遲疑老半天，走出來時，仍彆扭地把不特別大塊的毛巾捆著身體。我們一手壓著胸前，一手抓著下擺，生怕一個不留神就顧此失彼。

輪到阿姨登場，她毫無顧忌地全裸演出。我們目光維持平視，不敢下移半寸，即便如此，我仍具體地感到那肉身上垂掛著的皮囊，每一個都承裝著歲月的重量，吃力地，無助地，同時堅毅地。它們不發一語，卻很實在，童叟無欺。

「以前我的眼尾是往上的，你看現在，地球引力真的好厲害。」阿姨和其他更多阿姨慘白鬆散的肉身，連同時間無情的種種感慨，在池水與蒸氣裡漂浮和下沉，折疊且迴盪著。

「最近去看小艷秋，她耳朵開始聽不清楚了，我叫她買助聽器她也不聽。」把不在場的老朋友也拉下水後，不會演哭戲的阿姨眼淚居然婆娑地落下來。我和快樂夥伴抓著毛巾，不知所措。那個當下，我們騰不出手來，也找不到合宜的話來安慰阿姨。

好不容易跋涉到目的地，我發現自己忘了帶錢包，證件那麼剛好在錢包裡，沒證件門房不會放行，我也找不到話來安慰自己。頹喪地坐在圖書館門口的階梯，滑開和阿姨的 Line 對話串，我發現那些被我惡意忽略的 Youtube。跳過仍舊沒勇氣點開的〈觀音菩薩喜歡你〉，點開另一段名為〈媽媽給女兒〉的影片，我戴上耳機。

台上是一對一老一少的韓國歌手，她倆扮成母女，現場對唱。我用手擋住陽光，費力地讀著翻譯字幕：「我在腦海反覆尋找，可以跟你分享的話／好好學習！不對，好像太刻板了喔？／凡事誠實，我不也無法完全做到嗎？／勇敢去愛吧！不行，那太難了！／還是活出你自己的人生吧。」歌詞很煽情，導播鏡頭更是狡猾地繞行現場，現場所有女性眼裡都噙著淚水。

現場之外，幾滴透明顏色的東西，不爭氣地空降在咖啡漬和橘色鳥屎旁。

第十一章

# 人生畢竟不是電影

**你的人生掌握在別人手裡，峰巔也能一夕間被篡改為谷底**

拍《方世玉》期間，我也曾把女兒接來，全家好不容易在香港團聚，父母都陪在孩子們身邊，芳瑜卻連日吵著要找歐巴桑。有天晚上，只見她小手小腳地把行李準備好了，提著她的東西，仰著小臉，一臉堅決地跟我們說她要回去。我們慌了手腳，只好趕快打電話給歐巴桑，請她跨海隔著聽筒哄她一哄。最後女兒的人是留下了，心卻沒有，為母心裡的挫敗難過，一言難盡。

來港期間正逢酷暑，香港的華達片廠因颱風封閉了一個月，原訂的三十五個工作天，經前後這一拖遲，更延至四個月後我才和芳瑜回台。回台後，華視已不再像初開台時荒煙蔓草、亂無章法。攝影棚旁搭起簡便的淋浴間，還弄了一間洗頭室，情況漸漸地上了軌道。如今我能仰躺洗頭，半寐小憩，卻再闖不進導播室裡。

回來時，《風火雷電》當然已風雲變色，無可能再續前緣。我沒料到的是猶未完結的《俠士行》中，沈如虹的戲份也遭大幅刪減，俠氣如虹的她此刻已不再是錢來也的最愛，如今爺的心和劇本篇幅都變卦拐彎，全給了楚楚可憐的柳含煙。

電視劇邀你演主角，你能連日飆演固然過癮，然而，此事就壞在集數追加或夭折全隨收視率高低，戲份增多減少由製作人高興。你的人生掌握在別人手裡，峰巔也能一夕間被篡改為谷底。

因為趕戲的緣故，我又犯了急性肝炎。大夥兒見沈如虹黃著眼睛，拖著病體打鬥，都好言相勸別硬撐著累壞身體。只聽她笑著說，別怕，俠女是不會倒下來的。然而聽上去，那音量和語氣，已遠不若一年前青衫俠客的「免驚」二字那般洪亮而自信。

原來和張英講定要去韓國拍《方世玉》的續集，對外已放出風聲，機票也買好了，卻不知何故取消。後來第二集能推出，實是張英把先前多拍的膠卷拿來再剪輯湊數，製作人還掛上才是小學生的大兒子芳堯的名字。

人分開久了，我開始覺得越來越不了解張英那顆腦袋裡面想的事情，只知道一個不會跳舞的男人開始上舞廳，不曾拍動畫片的他新的投資目標竟然是動畫片。

這個做動畫電影的想法其實不陌生，也不突梯。當年台灣，或者該說是中港台地區都還沒有動畫電影，張英本來就對當「第一」很有興趣，得了機會自然不會放過。除此之外，他有諧趣和童心，光從他愛做兒童或童話片便能知其一二。然而即便想法不陌生，這片型仍是陌生得可以。當時那是連動畫運動的原理也毫無頭緒，可是張英卻不知道在哪吃了熊心豹子膽，執意要做。

此前我倆共同做過許多痴夢，張英臨陣怯步時，我推著他走的時刻沒少過。當年《天字第一號》我鼓吹煽動他一個多月時間，比他要大膽。他要砸錢拍國語彩色片，挖掘新人，赴港做武俠電影，我也許唸過，逆耳過，卻是沒真心攔過。

我約了張英，兩人坐下來談。他人還沒到，我便明白這次的畫面和對白內容大概還會很熟悉，不會有什麼驚喜。畢竟每次都是那樣，我們也不吵架，兩人對坐桌台兩端，說說彼此的道理。後來我常想，自己道理會說，怎麼就不懂得撒嬌的道理，動之以情。

我們都不吵架，只是各說各話：我會說，多少要存點本錢，若血本無歸，必要賠上這個家，輸了孩子的未來。張英就同我說，別瞎操心，錢再賺就有。每次看上去都一樣，然而又有些不一樣，不一樣在每次對坐時，我們又多了一個孩子，少了一點積蓄。

每生一個孩子，我就暗自希望他多少長點理財觀念，多放點心思在這個家。然而他只是頻頻生出新的念頭，還是試圖在每部片子，或想辦法在電影史上再排上字輩，掛個名銜，想要做他的老大哥。每一次我聽他口沫橫飛地做夢，只是又少些期待，多了點寒心。

張英人還沒到，我又想到我們上次談完之後，我是怎麼把他的衣物從二樓丟到一樓，看也不看他一眼，只拋下一句，慢走不送。他不發脾氣，只是摸摸鼻子，悻悻然離家而去。隔天他又回來，個把月裡，我們在走廊上交錯，把彼此當作空氣。後來我也常想，怪不得人家說我倔強，我也怪自己沒法軟點身段，同時軟化他的心。

我環顧四周，看著仍空著的桌子彼岸，我忽然想起當年延平北路上父母親開的那間布店，想起店裡那張當年我搆不到的桌檯。我想起曾經熱鬧的光景，當時每天一開店，門前絕無有空隙，人疊掛著人，上下左右都是人，非得從後門出去趕人，前門才開得了。想起二十年前的某天清早，有人來店裡搬布，不是買，也不是偷，而是正大光明地搬，大搖大擺地搬，把店裡全搬空了。我想起父母的臉色如何青筍，父親抱著我哭，後來他怎麼潦倒拼酒喪了志氣。

張英跟我說要投資製作《封神榜》動畫片，說他要砸下五百餘萬的時候，我腦袋裡的畫面跟他不一樣。他滿腦子是銀幕上躍動的神魔和妖精，片頭有張英的大名。我的腦裡卻閃回店裡從斑斕花綠、熱鬧喜氣，到一夕之間溶了了的場景。

終於，張英帶著滿腦子的神魔妖精來了，坐在我面前。我跟他說，這是最後一次了。我們已經坐下來這麼談了三次，這是最後一次了。最後一次我跟他這麼分析，這借來的，加上全部積蓄五百萬丟下去，梭哈了，可是你是監製，不是導演，這牌不在你手裡。到時候五百萬燒完了，電影還做不完怎麼辦？你收得了手嗎，有錢再燒嗎？

張英說，預算都在他掌控之中，不必擔心。這是中國頭一部動畫，上映後必然大為轟動，人來了，錢就回來了。我聽他一頭熱的發言，心徹底地寒了，腦子裡回放過往一家人生活的美好畫面。我在他面前靜靜地看著那些畫面在他的唾沫裡銷毀，我發現自己再沒有對話和說理的動力。

我冷冷地回他，在錢走之前我會先走，帶著孩子先走，這一次我不攔你，你也不必攔我。張英無語，摸摸鼻子離去，大概以為這又是另一次一模一樣的談判而已。然而，他應該知道我的脾氣，我說三次就是三次，所以再也沒有另一次了。

日後他往香港去，我留在台灣，《封神榜》風風火火地開鏡後，我更是揣著行李，往太平洋彼端飛去。這次雙燕分飛，再無歸期，我倆桌台兩岸的關係正式走到了終局。

**看她笑著高舉手上的火炬，我感覺冬季真的就要過去了**

美國比我想像得還美。我原來就想像那裡有很多洋房，到了美國才發現，這裡洋房不只多，樣子也闊氣。兒時短暫住過洋房後，我就一直夢想著擁有一棟，一棟不會被佔走的洋房。我心想，這裡該不會有人再強佔民宅了吧。即便有誰真動了賊心，至少目標物多了，事發在自己身上的機率比較低。

我去美國的時候是冬天，密西西比河結成大片的冰，讓我能躡著手腳滑步河面，覺得很稀奇。白雪覆蓋在洋房上，根本是電影裡的場景。那時只去過亞洲的國度，多是南國，那些國度的季節都是夏季。我跟雨季有孽緣，可如今到了美國，夏季的雨換成了冬季的雪，雪看上去像是父親送的洋裝上那圈兔毛的質地。我把手劃進厚厚的雪堆裡，指尖探觸到的，好像是自己忘記很久的童心。

在美東看到成排的洋房，我便想起張英和他的《封神榜》。後來，他的第一個五百萬果真拍到一半時便告用罄，他只好又到處借貸，然後把另一個五百萬砸下去。神魔精怪在銀幕上起死回生的魔幻時刻，一疊鈔票又燒光殆盡，彷彿火堆裡亂竄的灰燼，明滅旋舞直到死寂。我彷彿又聽見張英跟我說，一千萬通通沒啦，他笑著說，整排的房子像骨牌一樣倒去。

張英笑著這麼比喻，可我的幽默感也已湮滅沉寂，無力笑著相應。這一年多來，三個孩子的生活費用全由我張羅，香港的註冊費尤其不便宜。早上拍電視劇飛天遁地，無所不能，晚上我卻天天像塊棉被似的，把自己折來翻去，入睡都成問題。為了家用，接戲之餘，我也在永和開了間委託行，代購轉賣香港的衣飾來貼補家用。

那段時間，台港的國際機場常能見到一個身型嬌小的女人，拖扯著大卡大卡的皮箱，把能堆能掛的全部疊覆身上不喊累，只嫌自己沒有三頭六臂。我常在機場搭訕旅客，笑嘻嘻或苦哈哈對好心人求情，請他們幫忙多拉個皮箱過海關。當時毒品運送這類事件不多見，每伸出一隻援手，我便能少跑幾趟，多賺一筆。

日子艱難的時候，剛好有曾做電視台幕後的朋友來問我，要不要去美國合資開間中國餐廳？錢一時無法到位也沒關係，他就想要個合夥人。我沒做過這麼大的生意，沒去過半個地球外的世界，但聽到這問句，我想也沒想，嘴上就連聲地應好。

其實，日子艱難的時候，有誰不想逃離現場，遠走高飛。我很快地交代母親跟歐巴桑一些家事，留下一筆花用便動身飛去，打算待安頓整理好自己後，再把母親孩子全接過去。

下了飛機後，朋友接我到愛荷華州的一個小鎮，只見覆雪的洋房在眼前成排鋪展開來，其中一間是一對外國老夫妻的家，我們就住在那裡。朋友獨自張羅生意方面的事情，要我先學英文，融入環境。

每天老師開車來載我們，學生來自世界各地，膚色有紅的黑的白的黃的，全英語穿插畫圖教學。老師是個五、六十歲身形粗壯的白人，可是心思很細，還會做蛋糕餅乾請我們吃。他跟我們說這是 cake，那是 cookie。兩片以上的餅乾叫 cookies，可是兩片以上的蛋糕不叫 cakes。

好久沒上學，以前所有科目裡，我的英文最差。如今知道新生活要在彼岸展開，我練發音咬字，背單字片語都很起勁，回家就和老夫妻們用洋涇濱英語瞎扯亂聊練兵。聖誕節我和朋友去了紐約的第五大道，只見整排店面亮晶晶的，比香港還要時髦千百倍。雪落在聖誕樹上，好像在萬歲劇團時，我們去教會排練或吃美援食物時看到的畫面，可是又要再真實和華麗上千百倍。

我開始後悔，當年怎麼就沒選擇繼續讀書呢？說不定一直唸書，校長獎再拿幾回，我老早就住在頂上覆雪的洋房裡了。我也和朋友去看過自由女神和她神秘的笑容，看她笑著高舉手上的火炬，我感覺冬季真的就要過去了。

多年來，我在大銀幕與小螢幕裡的生活，曾讓我自由，也將我困住。在我三十五歲那年，在美國，我終於感覺完全被鬆綁。在這個充滿可能性的國度，我想像自己的命運被洗淨，被自由的火炬點燃，翻炒，隆重地，再次地，呈盤上菜。

可是我沒想到的是菜還沒炒上一盤，雪和密西西比河都還沒融凍，母親跟孩子還沒接來，一通電話卻率先在深夜裡跨洋來了。電話那端是歐巴桑語氣焦急地說，芳瑜病了，不知道病名，可是醫生說病況危急，要我務必趕緊回去一趟，芳瑜有可能就此無法走路。

聽到這裡，我腿都軟了。把電話掛上，兩眼發直地把朋友搖醒，說你快點載我去機場，快。朋友的車駛在寬敞的公路上，時速分明已飆達極限，我還是兩眼發直地跟他說，你再快一點，拜託你再快一點。快。車在公路上狂飆，我的眼淚在車裡狂飆。沿途的風景都是模糊的。成排的雪景和洋房都是模糊的。

搭上飛機後，我吃睡不能，那段航程就像是之前看過的電影片名《最長的一日》，只兩個字可形容：難熬。我被安全帶綑縛在座位上，高空斷絕了所有音訊，無從得知現在的情況。我想叫飛機開快一點，可是沒辦法。我只是不斷地掉淚，不斷地想芳瑜，不斷地想起母親。

我想起母親說有一天我在她背上，她的背跟炕窯似地燒燙著，可是我父親卻還沒回來。我想起她說我的眼睛翻白，好不容易撒開腿送去醫院，針打下去後那五分鐘的漫長等待。我想起母親說這話時總是屏息的神情。

我在回程的飛機上，忽然徹底懂了那五分鐘有多長。如今，我同樣在漫長的，真空般的時間裡束手無策。如今，身為母親的我甚至不能在女兒身邊。如今，除了父親，身為母親的我竟也在孩子的身邊缺了席。

**我發現，該是時候讓那些老朋友復出江湖了**

在刷白的水泥牆上，我看見自己和醫生的影子，芳瑜的軀幹和手腳則在布簾後面暈開另一塊小小的影子，影子發顫時更暈開一片手足無措。她看起來還好，還能走，但是在我們之間，就像現在大家浸在醫院周遭的蒼白色系與藥水味裡一樣，有很大量的，很高濃度的，叫做陌生的東西。

醫生說，芳瑜對所有人的離去現在都不能承受，但是對於所有人的接近也是。醫生說，心理的耽懼轉換表現在生理上，有些孩子會因此不能走，換句話說，會癱瘓。醫生說，為母的要多陪陪她，多抱抱她。

可是我不敢去抱她，我怕我抱了，她會把我推遠，我怕她會癱瘓在我的懷裡。我的內心充滿了歉疚。我覺得這裡比美國的冬季還要冷，我不知道那層厚厚的積雪會不會融化。有一種熟悉的恐懼湧上來，回到眼前的，是被搬空的布店場景。

可是就在這一瞬間，我發現原來真正恐怖的，並不是店被搬空的那一刻。

我忽然意識到持續刺痛我的，原來是當我發現父母都跑路，離家遠去時，我不知道該問誰，問到底發生什麼事的那份無措與無依。原來不是店的搬空讓我痛楚，而是心敞開的那個空洞，無時地隱隱作痛。

在醫院裡，我的眼淚開始成串地掉下來，我伸出手把芳瑜拉來抱著，像是抱著當年的自己。她瑟縮在我懷裡，帶著巨大的緊張。我在她的耳邊輕聲地說對不起，媽媽回來了，不走了。後來，我把另外兩個男孩子也從香港接回台灣。

幾年後，芳瑜長成健康漂亮的女孩，不只會走路，還會溜冰。看到孩子仨牽著彼此的手在滑冰場上旋轉，笑得亂七八糟，廣東話夾雜國台語打鬧，我的心裡出現一種感覺，那是前所未有的扎實和安心。

聖誕節時，我們一起把裝箱的塑膠聖誕樹搬出來組裝，再一起為家裡的各個角落點上蠟燭。燈關了，燈泡和燭火明滅下，孩子的笑臉也同步明滅著，那畫面我敢說比半個地球外的風景還要美麗千百倍。半夜裡，我耐心靜候孩子的疲倦戰勝好奇心的時刻，然後鬼祟潛入，輕手輕腳地向吊掛的大襪子靠近。回房後，那是近乎失眠地期待著明早隔壁傳出的驚呼尖叫聲。

為了專心地做一個單親家庭的母親，慢慢地，我在電影和電視裡的戲份都少了，那些趕場飆戲的日子淡了，似是很遙遠很遙遠，夢境一般的場景。為了孩子的註冊費、學溜冰、音樂等才藝班、柴米油鹽等家用，我的人生開始更大量地事發於屏幕之外，生活之中。

有段時間，我拜師學藝，想辦法穩住手勁和針尖，在洗淨的豬皮上勤練紋眉技藝。出

師後，我分別到香港和馬尼拉開業，鎮日針繡出女人們的眉目靈動，巧笑倩兮。有段時間，我開火鍋與簡餐店，天天與杯盤爐火攪和，揮汗如雨。回家則不斷開發研擬新口味，先給孩子試過後，寫下白虹的獨門配方。又有段時間，我異地奔波，跟語言不通的日本廠商比手畫腳交涉訂貨，帶回有情色意味或極其怪誕的整人玩具，在西門町的一家小店裡，像是個女巫一樣變戲法給客人看，也看他們臉上爆裂開來的獵奇神情。

這樣的日子看上去奔波忙亂，其實裡頭有種平實的美好，我很珍惜。然而，人生畢竟不是電影，不是喊卡了就能下戲。日子不會永遠活在節慶，孩子也會長到青春期。女孩有月事之後，接連而來的就是感情問題；男孩長出喉結時，除了嗓子變得難聽，還表示將生出日漸旺盛的方剛血氣。單親媽媽孤軍無援，面對孩子轉大人層出不窮的叛逆，一個人越來越難以應付招架。

我發現，該是時候讓那些老朋友復出江湖了。而真要說其中的代表作，我想大概會是這一次吧：

某天，一個女人神情緊張地來跟我通風報信，她語氣顫抖地說，你的兒子芳舜有危險。

我心下一驚，同時生出狐疑，芳舜向來是三個孩子裡特別認真乖巧的，他能給我出什麼事情？她說，你孩子跟一群人招惹上麻煩，現在兩幫人約好幾時幾刻在哪裡，準備要打群架。她說，我的孩子在的那一群是混黑道的，打起架來不長眼睛，你的孩子嘛，則在另一群。

不知這個心急的母親為什麼找上我。聽得此言，我只差沒暈昏過去，現場卻是故作鎮定跟她說別急，我會處理。事後我從震怒中冷靜下來，理過混亂的情緒和思緒，想到眼前就兩條路可循。第一，去現場幫孩子擋住棍棒；第二，事先把這雙方結下的樑子勾銷擺平。我雖扮過朱無雙，做過沈如虹，有俠女資歷，然而，那只是做戲的花拳繡腿而已。我明白逞英雄不是正途，只是送死，自然得選後者，以談判鬥智代替螳臂擋車。

當天，芳舜一踏進家門，我登時換上苗翠花的嚴母神情和語氣，只聽見自己厲聲喝道：「給我跪下。」正準備咬牙抽他幾大板，那廝居然奪門而出，跑得不見蹤影。此時我只好使出天字第一號的間諜本色，召喚出李翠英，從兒子平日去的朋友家搜查起。途經學校時問了工友，說剛剛見過他，遂想到學校後門直通某同學家裡，便往他家去尋，果真發現他的藏身之處。

我揪住他，拽著他回到家後，要他乖乖下跪，報上參與鬥毆群架的敵友姓名，不容他疏漏，包庇任何一個。而後我翻查電話黃頁，撥電話給所有家長，約他們幾時幾刻到某家餐廳見面，務請把孩子帶上。其中，也包括另個幫眾首腦的父親，當時有些地方勢力的角頭老大。

時間到了，我把頭髮梳得澎高，精心打扮，押著芳舜前去。餐廳裡橫著一張大長桌，我把高級的菜色預先點齊，只見人陸續來了，一一就坐。桌台兩邊雙方都帶著殺氣，對方的父母對於我要變什麼把戲顯然抱有疑慮。眼看台下彷彿又將飛砸來瓶罐，但此時已不容我猶疑示弱，我決意借章曼莉的氣勢一用。

我先是噤聲不語，把酒斟滿大人們的杯子，然後把那些杯子一一碰過，自己先一飲而盡。乾杯之後，我用湯匙敲敲杯緣，清了清嗓子後開口，我說，今天找大家來是想問大家，有什麼事不能好好說？動刀動槍不如坐下來交個朋友。我先來說說我的名字吧，我是白虹。

我是白虹。這麼說的時候，我想起初次登台那一天，即使驚魂未定，我也是如此這般鎮定地走回台上，報上大名。當時和如今，我都是這樣嫣然地笑著，笑得很沒事，很從容，很大器。

## 再見

將近一年的時間裡發生了很多事，如果問我跟阿姨在一起印象最深刻的事情，視野裡不知為何總浮晃起同一個畫面。

那一晚，我跟阿姨兩個人坐公車去送貨，外面下著大雨。我們坐在最後一排的雙人座上，車體和車窗汁液淋漓，車廂光色呈海藻的藍綠調性，氣味屬於雨傘和雨。高架橋上，斜斜的雨裡，車子駛駛停停，我們在有點安靜的對話裡載浮載沉。

阿姨說我剛剛讀你的訊息就知道你有點急。其實到我這個年紀你就知道了，很多事情急不得。還有，很多事情，說開就好了。阿姨說，我就覺得奇怪，你怎麼從那麼開朗的女生變成一個林黛玉？

一如往常，阿姨往回憶裡去時總是說走就走，我慌張跟從，錄音筆準備不及。

阿姨說，在她媽媽過世前的三個月，她帶她去一直很想去的紐西蘭玩。她說媽媽看到動物，會像小朋友一樣興奮地大叫。她說，有一天她們去看袋鼠，雨下得很大，大到看不見袋鼠，也看不見彼此。她在雨中找不到母親，心裡很慌，忙半天才發現，媽媽已經在遊覽車旁等她，還嫌她走得太慢。

我們浮晃在公車與交流道上，雨大到看不清究竟我們有沒有在行進。我轉頭看著阿姨說話時藍藍綠綠的側臉，覺得奇怪，阿姨什麼時候變成一個鄭愁予？

那天大雨，今天大太陽，圖書館進不去，我搭公車回真正的娘家。回程路上，我傳了訊息給阿姨：阿姨，對不起，好久沒跟你聯絡，忽然好想吃蒸包，要不要一起去？阿姨說，對啊，你們都忘記我了，那麼剛好，我也正好在想你們。

看到訊息，我眼睛一熱，準備回傳熊大跟兔兔擁吻的貼圖。阿姨卻搶先傳來一句，我想找你們幫忙我設計Logo。看到訊息，我的心忽然涼了，我收回林黛玉，收回貼圖。心想，阿姨果真不是鄭愁予。阿姨就是阿姨。

後來我們見面，吃蒸包外，我也把寫完的稿子逐字逐句唸給她聽。她有時候會以聽電影劇本的角度，說這裡是不是寫得太多了，拿掉哪裡哪裡會不會比較好？有時候她說這裡不對，原來是想要我把她寫得比較愛唸書，打造成一個文藝少女。

有時候她在我完全沒鋪哏的地方大笑出聲，我滿頭霧水。有時候她聽到睡著，我趁她度估時，壓低音量，趁機把她可能會想拿掉的部分加速唸過去。

除了又開始到處吃吃喝喝，讀唸文章之外，我也很綜藝咖地追加一些快問快答，增添相處的情趣。我問她現在最想做的事情？她說想要做生意賺大錢，來幫助遊民和失業的台語片明星。可是她又說，自己沒有大富大貴的命，前天一支股票才被套牢了。

我問她，有沒有覺得這個世代年輕人不太一樣？她說你們好像不像我們那時候對父母輩很恭敬，那時候我們都很乖，不回嘴的。她說，不是有一句話，叫什麼，孝心什麼的天什麼的？我說，孝心感動天。對啦，她說。她說有孝心的人心地比較好。她說，這句話是有根據的。可是她又說，最近認識一個好孝順的媳婦，沒看過那麼孝順的，居然六十歲就走了。

我問她現在喜歡看怎樣的電影？她說她現在很少看電影，現在電影節奏太快，外語片很多，她不習慣看字幕。她說，有時候跟兒子和孫子一起看電影，大家都在笑，但笑什麼她總是霧煞煞。她又說，現在都拍一些怪力亂神、亂七八糟的東西。她說她現在不看電影。

阿姨如是說，我們卻揪阿姨去看超殺女主演的《她的錯誤教育》，大逆不道地。阿姨沒睡著，貌似看得專心，我卻連餘光都不敢往她那裡去。從影廳出來時，時逢同婚連署倒數，沿途都是彩虹旗，走在其間，她的人和語氣都顯得很鎮定。她說，導演手法很好，看得出來是年輕導演的電影。很先進，她肯定。

後來阿姨揪我們去吃川菜，我們很有默契地不聊電影。我們聊四季豆、宮保雞丁，聊得言不及義。聊紅燒魚頭時，阿姨給噎到了，不斷敲打胸脯，臉部脹紅，說不出話來，只是指手畫腳，示意 PJ 幫她做哈姆立克法。

PJ 從背後環抱阿姨，手抱拳頭往阿姨的腹部胸部用力推擠。我在一旁驚呆了，不知該怎麼辦，餐廳員工也聚了過來，大家都屏著氣，像是集體噎到了。直到阿姨喘過氣來，大家才集體把氣都鬆了。阿姨說她氣管細，最近常這樣。我驚魂未定地問她，那她一個人噎到時該怎麼辦？

阿姨說，我不是沒有想再找一個伴，但就很難找到我想要的人。我希望是有幽默感，文學的。兩個人興趣要相投。哎，太難了。我暗忖，不如下次來約阿姨去台南阿霞飯店吃花跳魚湯吧。等明年春天產季時，揪林沖大哥一起。

阿姨說她最感謝的人是父母，再來就是文淇老師。老師幫忙找到她多年前的影片，修復，又幫她出書，還找到人幫她經營咖啡廳。阿姨說她最大的成就是把三個孩子撫養長大。她最大的遺憾是當年太忙，跟孩子不夠親。她最大的願望是孩子賺到錢後，都能回到她身邊。她說房子不好找，因為要多一間房間，讓孩子回來能住。阿姨說，他們沒回來時，你們來住嘛，陪我。

我和 PJ 相視而笑，心想，不好啊阿姨，距離創造美感，就像不能天天住在娘家，一樣的道理。我們和阿姨並肩走到捷運站，三人準備往天南地北的新北市分頭奔去。

阿姨忽然補充，啊，這個你幫我寫進去，我的願望是再演一部戲，要那種會得獎的，後面記得括號「作夢」。哈哈哈。（阿姨，我照辦了。）

在月台等車的時候，阿姨忽然又開口：「還有，要感謝你們幫我寫這個書。」

「沒有啦，阿姨。」我裝得有點害羞地說。（謝謝你敢給我寫，阿姨。）

「我這個人什麼都敢講，但事後又會叫你不要寫。」阿姨說完後，跳上藍線捷運。

「對啊，哈哈哈，阿姨再見。」我跳上紅線捷運。（我知道你知道，你叫我不要寫我不一定不會寫。阿姨。）

Coca-Cola
Coca-Cola

跋

# 關於人生的入戲：再演一次我自己

黃以曦

「我踏破鐵鞋，終於找著一根和章曼莉很相稱的煙斗，是支可以伸縮，細長如麥桿的煙斗。當眉毛畫得尖長，眼角點顆痣，把煙斗拉長且引燃的時候，章曼莉就來了。」

「我才驚覺特務片型根本是演員的福音。你看，在短短個把小時裡，一個人就能把各種身分穿脫，把許多人生高濃縮地活過。人生如是，那該有多刺激。」

——《妖姬．特務．梅花鹿：白虹的影海人生》（以下簡稱白虹的影海人生）

《白虹的影海人生》是台語片時期知名演員白虹的故事，時間從大稻埕的孩童時期，到四十歲左右息影，歷經了中製廠的劇團、家道中落、入行台語片、國立藝專、輟學並開始演出女主角、到香港演廈語片、廈語片的盛極與沒落、前進泰國拍片、回台灣並與導演結婚、生了三個孩子、赴香港邵氏拍片、回台灣連續幾部台語片大紅、國語片興起、拍電視劇、離婚與一度赴美轉換跑道。

本書採第一人稱方式表述，根據白虹口述，再透過作者陳亭聿書寫而成。然而，書裡是一部「歷史」嗎？儘管字句間有大量空間與時間現場，主要綱領的史實性，或也經盡可能地編輯耙梳；儘管歷史從來不必也不該是中性而靜態的，具有厚度的歷史敘述本來就必須放入就算彼此矛盾的視角、放入更多出發由「深度時間」的個人的體會和領會；儘管今天的歷史書寫已更被期許要由文學敘事方式切入地去建構和閱讀……儘管如此，我仍在閱讀本書時，更多地感覺到這是一個故事、甚至是一齣戲，遠多於這是一段歷史。

《白虹的影海人生》中的「我」，不只是為了進入生命內部和每一個角落的細節的方便而派遣的，這真是一個充滿意識的「我」，她要充分地還原／建構、勾勒／建構，某個她理想中的過去、現在，乃至於未來，的她自己。

本書從第一、二章就讓我驚豔。這兩章寫的是白虹幼年到十八歲，「我」所談起的，遠遠不只是此一歲月區間種種時空樣貌與氛圍，她精細地勾勒許多生活裡的細節，包括觀察、感受、懸念以及收束意義。

……閱讀這兩章時讓我想起一個曾迷惑多年的閱讀經驗。那是個小小的篇章，裡頭敘述著男子到森林探險，卻在層層綠色屏障裡滅頂地迷了路，接著又遇上猛獸的襲擊，他奮力地搏鬥，再爬上一株大樹，從另個視角看森林，曲折幽深的自然之美，觸動的人生懸問，等等。然後，他從樹上掉下，被老虎吃掉了。篇章最後一句寫著：「這是個真實故事」。

但這怎麼可能是真實故事！就算可以鑑識地從屍體審讀男子生前動與靜的軌跡，那些迴盪的念頭與感觸，來不及被述說、不曾被見證，竟歷歷在篇章裡。如此，何真實之有？

《白虹的影海人生》宣示了這是某個確實存在的人所活過的確實的生活，但口述者說起童年到懵懂少年的日子，並非由追憶、推敲、嘗試逼近的姿態，而是呈現以難以置信的充分記憶以及近乎不可能的極早熟的凝視與耙梳，我讀著，這份直覺上的無法採信口述者小時候真是這樣看見與感覺的，立即轉換為耐人尋味的理解：口述者深刻地進入了極年輕時的她自己這樣一個角色，順著編年上的大致設定，枝葉繁茂地演了起來。口述者身兼編劇、演員、評論者，一邊寫定情節，一邊揣摩著表演，再從演出成果收束詮釋。

口述者白虹這份始終毫無闇影、毫無遲疑的入戲，貫穿了整本口述回憶，從最前面章節即奠定後設閱讀位置的讀者，將盡興地欣賞這一場換過一場的「台語片名伶白虹之人生如戲、戲如人生」的大戲。可更精準一點說，《白虹的影海人生》裡上演的，更像是從戲如人生所領悟來、然後發揮出的人生如戲。

而即使是最輕鬆、最淺層的閱讀，也可以讀到白虹對於現實和電影都保有著清明、抽離的自覺，是以她靈活而巧妙地切換於人生遭逢與曾飾演的角色，以及電影或說戲的本質。比如以下這個塊落的摘錄，講的是因孩子與同學爭吵，將和同學家長對峙，白虹在短短幾段的敘述中，隨情緒變遷，進出在不同的角色間，最後漂亮地降落回「白虹」這個終極的角色：

「……不知這個心急的母親為什麼找上我，……我雖扮過朱無雙，做過沈如虹，有俠女資歷，然而，那只是做戲的花拳繡腿而已。我明白逞英雄不是正途，只是送死，自然得選後者，以談判鬥智代替螳臂擋車。

……當天，芳舜一踏進家門，我登時換上苗翠花的嚴母神情和語氣，……正準備咬牙抽他幾大板，那廝居然奪門而出，……我只好使出天字第一號的間諜本色，召喚出李翠英，從兒子平日去的朋友家搜查起。

……而後我翻查電話黃頁，撥電話給所有家長，約他們幾時幾刻到某家餐廳見面，……此時已不容我猶疑示弱，我決意借章曼莉的氣勢一用。

……乾杯之後，我用湯匙敲敲杯緣，清了清嗓子後開口，我說，今天找大家來是想問大家，有什麼事不能好好說？動刀動槍不如坐下來交個朋友。我先來說說我的名字吧，我是白虹。」

這只是很小的一個例子，在整本《白虹的影海人生》中，這位演員不只擁有一系列演出角色作為她替換視角、微調表演的依據，她且從各種人際互動裡汲取靈感，她縱橫導演、編劇、攝影、影評人、觀眾、經紀人、大亨、記者……的視角，創造了一個個從哪方向看過來都有限、有戲的場景。

到這裡，《白虹的影海人生》已以一

部光影流轉，卻又層層地藏著凝視與表演的「自傳故事」，似乎說著故事，卻其實反身建構出一個講究又綿密的角色。但事情竟並未結束。本書不尋常地有了多達五篇的來自撰述作者陳亭聿的側記。

不同於這類書籍側記是以撰稿者身份概述成書的過程與背景，使得紀錄更完整，也略微抒發寫作者的感觸，《白虹的影海人生》的側記A-E，寫的是作者和「白虹阿姨」訪談、撰寫、相處的過程。

「未接來電三通。四通。五通。震動被我壓在包包下直到它窒息。……『阿姨抱歉，我剛剛關靜音，沒看到。』哎呀，如何親近阿姨的決定權，怎麼那麼剛好也握在我的手裡。想想真是抱歉。」

---

《白虹的影海人生》側記B 回娘家

官方說法是用側記呈現迥異於回憶錄中演員自覺地建構出的該特定形象之另一樣貌，作為一種後設的耐人尋味，也帶出人的複雜度和記憶與現實的各種本質差異。以閱讀直觀來說則是另個奇怪的感覺：這麼流暢、正式、完整的電影史書寫，卻在最後的最後，跳出了一個二十一世紀場景。

側記裡頭是年輕敏感的寫作者，以及她所無法真正掌握和穿透、像是遺落了明星風光的平凡阿姨、卻又變換或藏匿著什麼秘密的某個既近又遠的長輩。書寫的質地急轉為隨興、近乎散漫或孩子氣，冷不防地將正處在閱讀的讀者拋進不自在的私密。那是「狗狗」（作者）和白虹這些日子以來的互動，夾雜著高度警覺和纖細的主動觀察，以及為寫作和長時間貼身採訪所沖刷擊潰地被動地感覺著什麼、拼湊與辨識著意義……。

書在側記後驟然結束，《白虹的影海人生》由此獲得再一層值得深究的曖昧的趣味。至此，作者陳亭聿不再只是整理逐字稿的撰述者，這系列側記標誌出一個比「真正的白虹」更前面的位置，也就是當白虹回顧那段日子、編織著某特定版本時，那些時刻，有再一雙看著那幢編織場景的眼睛。

終究，重要的不是有或沒有一個「真正的白虹」，以及那是什麼模樣，重要的是，每個現場，與其說它們將是歷史，不如說它們將以各種可能性參與進歷史的創造。而可能性是「真的」嗎？是的，從感受地歷經生命的角度而言，人所有意識得到的可能性，都是真的——它們標誌了你關於此生的滿足與遺憾。

是啊，真的是人生如戲。你得先將它演出來，你再為它收束一幢意象與意義。戲成了，就真活過了。

**黃以曦**
影評人，作家，著有《離席：為什麼看電影？》、《謎樣場景：自我戲劇的迷宮》

這畢竟不是電影，不是導演喊卡了就能下戲。

——白虹

口述——白虹
作者——陳亭聿
策劃——林文淇
編輯——林姵菁、劉　霽
設計——徐睿紳
協力——國立中央大學電影文化研究室
禪那健康事業股份有限公司
出版——一人出版社
臺北市南京東路一段二十五號十樓之四
電話＝〇二—二五三七—二四九七
傳真＝〇二—二五三七—四四〇九
網址　Alonepublishing.blogspot.com
信箱　Alonepublishing@gmail.com
總經銷——聯合發行股份有限公司
電話＝〇二—二九一七—八〇二二
傳真＝〇二—二九一五—六二七五
印刷——沐春行銷創意有限公司

照片提供：白虹
初版　二〇一八年十月
定價　新台幣三六〇元
◎臺北市政府文化局贊助出版

妖姬．特務．梅花鹿：白虹的影海人生/白虹口述；陳亭聿作．-- 初版．-- 臺北市：一人，2018.10
288面；13 x 21公分
ISBN 978-986-92781-7-1（平裝）
1. 白虹 2. 明星 3. 台灣電影 4. 台語片
783.3886　107016141

妖姬●特務●梅花鹿
白虹的影海人生